The U.S. Government Accountability Office

益田　直子著

アメリカ行政活動検査院
－統治機構における評価機能の誕生－

木鐸社

目　次

第Ⅰ章　問題の所在……………………………………………………………7
　　Ⅰ.1　GAOとは何か－「監視」・「洞察」・「予見」……………………8
　　Ⅰ.2　GAOの活動の変容………………………………………………12
　　Ⅰ.3　本研究の課題と位置付け………………………………………14
第Ⅱ章　GAOの制度史………………………………………………………17
　　Ⅱ.1　GAOの現在の活動………………………………………………17
　　Ⅱ.2　GAOの機能変化の経緯…………………………………………36
　　Ⅱ.3　GAOと議会との関係の変化の経緯……………………………41
　　Ⅱ.4　会計検査院（the General Accounting Office）から
　　　　　行政活動検査院（the Government Accountability Office）へ …………57
第Ⅲ章　仮説…………………………………………………………………61
　　Ⅲ.1　政治・社会的要因（第1観点）…………………………………64
　　Ⅲ.2　GAOの内部要因（第2観点）……………………………………65
　　Ⅲ.3　要因としての検査院長（第3観点）……………………………66
第Ⅳ章　既存理論の検討……………………………………………………69
　　Ⅳ.1　アカウンタビリティ理論…………………………………………69
　　Ⅳ.2　評価研究…………………………………………………………74
　　Ⅳ.3　GAOの歴史研究…………………………………………………80
第Ⅴ章　検証…………………………………………………………………83
　　Ⅴ.1　政治・社会的要因（第1観点）…………………………………83
　　Ⅴ.2　GAOの内部要因（第2観点）……………………………………113
　　Ⅴ.3　要因としての検査院長（第3観点）……………………………122
　　Ⅴ.4　対抗説明と退ける理由…………………………………………154
　　Ⅴ.5　因果関係に影響を与える要因…………………………………158
第Ⅵ章　結論…………………………………………………………………177
　　Ⅵ.1　行政権力の新しい統制に向けて………………………………178
　　Ⅵ.2　GAOの経験の意義について……………………………………183

引用文献 ……………………………………………………………187
補図　1・2 ……………………………………………………197
あとがき ……………………………………………………………199
アブストラクト ……………………………………………………202
索引……………………………………………………………………204

アメリカ行政活動検査院

－統治機構における評価機能の誕生－

第Ⅰ章　問題の所在

　近年，メディアでよく目にするのは，一方において社会保障を中心とした行政サービスへの要望の高まりと，他方においてその機能不全や腐敗，不手際への非難と幻滅である。過去に経済危機や都市問題など社会への不安が高まったときには，行政がその活動範囲を広げ問題に対処することが切望され，また行政学はそうした行政機能について研究してきた。だが，近年，学問上・実務上すすめられているのは，行政機能の拡大ではなく，むしろ行政機能の縮小やその統制方法の改革である。前者の行政機能の縮小には規制緩和や民営化が，後者の行政活動の統制については，行政組織内部の自律的管理の向上を図る評価の導入や，各省より一段上の首相や大統領に直属する組織を活用した政策決定の集中化と迅速化が見られる。そして，本来行政統制の役割を期待される議会がその能力を発揮していないと言われる。本研究の前提には，こうした時代状況において，行政活動を萎縮させずに自律的統制の動きを促進しつつ，国民の代表である議会や国民そのものが行政活動の統制を図ることがいかにして可能であるかという問いがある。

　社会におけるリスクの感覚が高まる時には，行政のトップの権限を強化し迅速な対応をとることが好まれる。また，そのために，意思決定に携わる人間とそれらの情報を限定し管理しようとする。しかしそうした思惑のもとに行動がなされると，一部の利益集団と行政府による意思決定が行われ，そこでの情報は関係する限られた主体にとどまり，政府活動において

何が起きているのかが国民の代表である議会にも国民自身にもよく分からないという状況を生み出しかねない。本書が考察の対象とする GAO は，公的な組織自身がこうした問題の可能性を指摘し社会に警告を発する機能を果たしている。注目すべきは，この組織の長は，行政のトップによって任命されるが，その行政活動に問題が生じる又は生じようとしている場合には，それを行政府に勧告し，議会に報告し，また，国民に知らせる。こうした存在は世界的に見れば決して当然のことではないし，特に戦争や治安の安定という名目で情報の管理が正当化される時代状況においては，希少ともいえる価値をもっている。本書は，この機能を担うアメリカの行政活動検査院（GAO）がその機能を担うに至った経緯と理由，およびその持続を可能にした原理を明らかにすることを目指すものである。

I.1　GAO とは何か－「監視」・「洞察」・「予見」

2002年2月22日，アメリカ行政活動検査院（GAO）[1]は，チェイニー副大統領に対し訴訟を起こした。当時，チェイニーを議長とする国家エネルギー政策策定グループ（NEPDG[2]）は参加者の名前を公表しておらず，GAO はその開示を求めたのである。この訴訟は1921年の GAO 設立後初めて，行政府に対して起こされたものだった。この訴訟上の事案は，ホワイトハウスが国家エネルギー政策の起案に際して，エンロン社などエネルギー関連の巨大企業からの助言に頼りすぎていることを民主党が非難し，また，その後民主党が行った NEPDG に関する資料の開示請求を行政府が拒んだあとに起きた[3]。結果的には，この訴訟は GAO の敗訴に終わった。し

---

[1]　The Government Accountability Office は一般的に利用されている訳語がないため，筆者が訳出した。なお，名称変更前の the General Accounting Office は，「会計検査院」と翻訳されている。

[2]　National Energy Policy Development Group.

[3]　*GAO Loses Attempt to Sue Vice President Cheney* (2003). In CQ almanac 2002. Washington: CQ Press. また，2002年1月31日付けの BBC ニュース <http://news.bbc.co.uk/1/hi/business/1793058.stm> によれば，そもそも議会からの公式の要請を受けて行ったエンロン社の負債と会計上の不法行為をめぐる腐敗についての GAO の報告書の内容を見た議員のうち9人が，エ

かしこの動きは，ワシントンの政府機関や政策関係者の間で，ブッシュ政権の政策に対する巨大企業の強大な影響力について，論争を巻き起こし[4]，アメリカ国民にそれを警告することになった。

　GAOは他にも多くの重要政策に関する報告書を提出している。例えば，GAOにはアメリカにおける年金記録に関する記入漏れ（2007年に日本で発覚したのと類似の事件）を指摘した事例がある。日本経済新聞（2007年6月30日朝刊第3面）に次のような簡潔な紹介がなされている。

　5,000万件の記録漏れにも匹敵する「事件」が，かつてアメリカで起こっていた。1992年の米会計検査院（GAO）報告によると，年金財源として社会保障税を集める内国歳入庁（the Internal Revenue Service）と，年金給付を担当する社会保障庁（the Social Security Administration）との間に，米企業従業員の給与記録の不一致が多数あったという。その総額は最も多いときで1,090億ドル。いまの相場だと13兆円を上回る。将来の年金額が少なくなる恐れがあるという検査院の指摘で，両庁が突き合わせを進め，不一致は8年間で650億ドルに減った。米企業が役所に出す給与記録情報が歳入庁と社会保障庁とで違う様式だったことが主因とみられている[5]。

　では，GAOとは一体いかなる組織なのか。GAOは自らの役割を，次のよ

　　ンロン社によるエネルギー政策への影響に関する調査をGAOに求めたことがきっかけとなり，GAOがNEPDGと同社やエネルギー関連会社との関係についての詳細な調査を行うことになった。なお，エンロン社とその最高経営責任者（CEO）であるケネス・レイ（Kenneth Lay）は，ブッシュ大統領（George W. Bush）の選挙キャンペーンの強力な援助者である。
（4）　Kettle and Fesler (2005), p. 381.
（5）　括弧内の英語の組織名は筆者が加筆した。なお，関連するGAOレポートは次の2つである。(i) GAO, 1992, *Social Security: Reconciliation Improved SSA Earnings Records, but Efforts Were Incomplete*, GAO/HRD-92-81; (ii) GAO, 1987, *Social Security: More Must Be Done to Credit Earnings to Individuals' Accounts*, GAO/HRD-87-52.

うにウェブサイト上で説明している。

 "The Government Accountability Office (GAO：行政活動検査院)"は議会とアメリカ国民のために働く機関である。議会はGAOに連邦政府のプログラムと支出の調査を依頼する。GAOは，一般には「議会の調査部門 (the investigative arm of Congress)」または「議会のための番犬 (the congressional watchdog)」と呼ばれ，独立かつ不偏不党である。それは連邦政府による税金の使い方を調査する。GAOは議会とそれぞれの行政機関の長（例えば，環境保護庁（EPA），国防総省（DOD），厚生省（HHS））に，政府をより効果的（effective）かつ応答的（responsive）にする方法について知らせる。GAOは連邦プログラムを評価し，連邦支出を監査し，そして法的意見を示す。GAOは発見した事項を議会に報告する時，取るべき行動について勧告する。GAOの仕事は法律の制定や政府活動を改善するための行為を引き起こし，何十億ドルもの節約をもたらしている[6]。

また，GAOは自らの活動を支える3つの鍵概念を次のように述べている。

 GAOは議会が憲法上の責任を果たすために支援し，またアメリカ国民の利益のために連邦政府の実績向上とアカウンタビリティを確保するよう手助けをする。GAOの仕事とは，連邦プログラムを監視 (oversight) し，政府をより効率的・効果的・倫理的・公正なものにする方法を洞察 (insight) し，そして長期的な動向と課題を予見 (foresight) することである。GAOの報告書，議会証言，そして法的決定・意見は，議会と国民のために変化を生み出している[7]。

（6）　*What is GAO?* <http://www.gao.gov/about/what.html>（アクセス日：2007年8月29日）。
（7）　*Welcome to GAO* <http://www.gao.gov>（アクセス日：2007年8月29日）。GAOは広報用パンフレット（例：*About GAO*），GAOの実績報告書（例：*Performance & Accountability Report*），または議会証言（GAO (2007a), GAO-

この「監視」「洞察」「予見」について，2007年のGAOの議会報告書『監視，洞察，予見を通じた立法補佐[8]』から，その具体的な内容や事例をみることができる。
　「監視」とは，議会の決定や法に則って予算が使われているか否かをチェックする機能である。「リスクの高い」政策を指摘し議会に報告することで，一方で政府活動の改善に，他方で何百億ドルもの財政の節約に寄与している。2006年度で言うと，イラク問題から食料安全保障の問題，税制のひずみの問題まで「監視」が行われた[9]。「洞察」とは，政府活動の向上につながる有益な方法の考察である。例えば2005年に起きたハリケーン災害の復興活動についての「洞察」が挙げられる。担当した行政機関の活動を評価し，過去の災害例からの教訓を検証，40以上にわたる関連報告書の提出と議会証言が行われた[10]。そして「予見」機能として，例えば，GAOは長期的な国家財政の課題とそのリスクに注意を促し，政策課題や鍵となる動向を危機に陥る前に特定し，その情報を議会に提供している[11]。
　上に示した副大統領に対する訴訟事件や年金記録問題の事例は，行政府の政策決定の適正さを監視し，行政活動を公正かつ効果的なものにするための具体的方法を示すことにより，行政活動の現状に注意を喚起しそれに変化を促すGAOの役割をよく表している。このようにGAOは，議会の行政監視活動を支え，国民の利益を守る活動を行っている。
　ただし，このような役割が果たせるかどうかは，後述するように，プログラムや政策についての信頼できる情報を評価者が入手する権限を与えられているかどうか，また，その情報が意思決定者の要望に合っているかどうかに依存している。さらに，評価結果がメディアなどを通じて人々に広

　　07-644T）などさまざまな所で，この「監視（oversight）・洞察（insight）・予見（foresight）」の３つがGAOの役割であると説明している。
（８）　GAO (2007a), GAO-07-644T.
（９）　GAO (2007a), GAO-07-644T, Highlight & pp. 4-8.
（10）　GAO (2007a), GAO-07-644T, Highlight & p. 8.
（11）　GAO (2007a), GAO-07-644T, Highlight & pp. 11-13.

く知れわたるといったようにどれだけ効果的に人々に伝わるかによって決まることになる。

I.2　GAOの活動の変容

これまで長い間，GAOは独立した評価者としてプログラムや政策の効果などを説明し上述の役割を担ってきた。しかし，その設立当初からそうであったわけではなかった。

そもそもGAOは，政策の意図にかなった行政活動が行われているかどうかを検証する組織ではなかった。むしろ全行政機関から提出される支出証票をチェックしたり，財務会計上のチェックを行う組織であった。それが，上で示したような政策やプログラムの効果や公正さなどの観点から広く検証し，時に注意を喚起し行政府の行動を変える組織となっていった。この変容の経緯の詳細は次の第II章で説明するため，ここでは簡単な紹介を行う。

GAOは，1921年に会計検査院（the General Accounting Office）という名称で財務省から会計監査の役割を移転する形で設立された。当初は，会計・財務監査に関する情報の作成を業務としていたGAOであるが，1960年代後半からプログラムや政策の効果について取り組むようになっていく。例えば，数値の取得可能な1972年から77年までのGAOの業務の内容別割合を見ると（表I－1），財務・経済性・効率性に関する業務の割合が減少しているのに対して，プログラム結果に関する業務の割合は増加している。GAOがのちに行政活動検査院（the Government Accountability Office）に名称変更したことは，この機能の発展を示している。これに加えて1960年代初期まで[12]，GAOの仕事は議会のニーズとは関係がなくまた評判も非常に悪かったため，議会からGAOへの調査依頼はほとんどなかった[13]。例えば表I－1のとおり，1969年に至ってもなお，GAO職員が議会の支援に使用する労働時間は，総労働時間のうちたった10％にすぎなかった[14]。しか

---

(12)　GAO (1987), OP-1-OH, p. 6.
(13)　GAO (1988a), OP-2-OH, pp. 47-48.
(14)　Havens (1990), GAO/OP-2-HP, p. 14.

第Ⅰ章　問題の所在　13

表Ⅰ-1　GAO の機能，および GAO と議会との関係（1969－1988年）

	年	1969	1972	1973	1974	1975	1976	1977	1988
内容別GAO業務の割合（％）	財務（Financial）	N/A	14	13	14	12	11	10	N/A
	経済性（Economy）及び効率性（Efficiency）	N/A	56	53	54	52	49	41	N/A
	プログラム結果（Program Results）	N/A	30	34	32	36	40	49	N/A
	合計	－	100	100	100	100	100	100	－
議会への報告（数）	本会議（Congress overall）	177	150	152	145	199	301	330	N/A
	委員会及び議員	204	329	352	408	433	638	439	N/A
	合計	381	479	504	553	632	939	769	821
議会の要請に基づく報告（％）		10以下	N/A	25	N/A	34	N/A	35	80－100a)
GAO による証言（数）		24	N/A	38	N/A	69	N/A	111	200以上

出典：データは傾向を示すものであり，大雑把な数字である。GAO の調査のうち2つの分野にまたがるものもあれば，ある数の定義が十分には行われていないものもある。また，N/A は該当する数字が取得できないことを示している。
(1) 内容別 GAO 業務の割合：Mosher (1979), p. 179.
(2) 議会への報告数：Trask (1991), pp. 145-146.
なお，Mosher (1979), p. 280の注によれば，本会議（congress overall）宛てに提出されたレポートの大部分は，GAO 主導のもの。委員会，小委員会，議員宛に提出されたレポートの大部分は，議会の要請に応じたもの。
(3) 議会の要請に基づいた GAO の報告と GAO の証言数：Havens (1990), GAO/OP-2-HP, p. 14, 及び Mosher (1979), p. 280, Table 5.
注 a)：対象分野に依る。

し1970年代以降その割合が増え，ついに1988年にその割合は80％から100％（割合は政策分野によって異なる）までになった。こうした変化を経て，現在，GAO は議会の支援機関として知られるようになった。さらに GAO は今日，行政機関のアカウンタビリティの実現を支援する組織としても知られている。例えば，GAO が2001年度に行った1,752の勧告（recommendations）のうち，その85％が2005年度末までに実行されている[15]。その結果，かつて GAO という名前がメディアに登場することはあまりなかったが，今では毎日のように頻繁にその名前を聞くようになった[16]。

　これら変化の背景を調べると，いくつかの重要な事実を見出すことができる。例えば，1960年代に，議会は，行政監視活動に弱点がありその強化

---

(15) *GAO at a glance* <http://www.gao.gov/about/gglance.html>（検索日：2006年5月9日）。
(16) 「従来は GAO について聞くことは決してなかったが，今では毎日のように頻繁にその名前を聞くようになった。」(GAO (1990a), OP-10-OH, p. 44.)

が必要だと認識していた。また，1966年から1981年まで検査院長を務めたエルマー・スターツ（Elmer Staats）は，議会を説得して行政監視機能を強化しようとした。そして，スターツ院長の時期に情報担当官（Information Officer）が置かれて以降，GAOのメディア担当は忙しい分野となっていった[17]。これらの事例が示すように，1960年代と1970年代の間に起こった出来事とプロセスを見ていけば[18]，現在のGAOに至る変化の経緯と理由が明らかになる。

I.3　本研究の課題と位置付け

　GAOは，独立した立場から政府プログラムの評価を行う機関であると同時に，立法府（議会）を補佐する機関でもある。国際比較の視点から考えると，これはユニークな事例[19]である。他の国々では，プログラム評価は行政府自身ないしは行政府によって雇われた外部の評価者によって行われる場合が多く，また，評価結果は主に行政府によって利用される[20]。GAO

---

(17) 「…もしあなたが新聞を毎日読むなら，GAOについて1つか2つか3つの話を目にしているだろう。このようにとても忙しい仕事だ。」（GAO (1990a), OP-10-OH, p. 44.）

(18) なお，1960年代後半以降に生じたGAOの機能とその議会との関係の変化は，1978年の監察総監法（The Inspector General Act）の制定が，さらに推進する力となったことが，次の記述から推察される。Sperry et al. (1981), p. 65は，監察総監法によって，GAOが監察総監によって行われる仕事を基に，プログラム評価及び行政機関横断的な分野に活動を集中できると記している。また，秋吉（1998），p. 2は，同法によってGAOは個別の会計検査に関しては基準等のチェックのみを行うようになり，バウシャー（1981-1996年検査院長）の下でプログラム評価に一層専念していったと説明している。また，東（2007），p. 168は，同法の制定により，「不正行為等の防止だけではなく，経済性，効率性及び有効性の観点から監査を行う監察総監が各省庁等に設置されたことも，GAOが連邦議会からの検査要請に検査資源の大部分を投入できる環境を醸成した」と記している。

(19) 本研究が単一ケースの分析となる理由はGAOの唯一性・特殊性にある。スターツ院長もこの特徴についてインタビューで触れている（Tidrick (2006a), p. 59）。

(20) もちろんアメリカにおける行政機関もこれらの形態の評価も行ってい

と同様に立法府附属型に分類[21]される他の国々の会計検査院も，独立した立場から類似の手法を使ったプログラム評価を現在行っているといわれるが，それらと比べ，GAOはその検査の約90％が議会からの検査要請に基づくものであり，他国の会計検査院の中でも突出して議会からの検査要請の比重が高い[22]。そこで本書では，1960年代後半から70年代にかけて，GAOが評価機関になるとともに議会との関係が密接になっていった要因を明らかにする。

先行研究を振り返るならば，GAOの機能変化の歴史を記述した研究は存在するし，また，GAOが立法補佐機関としての機能を付与されることになった法律の記述や，立法府からの要請の増大による立法補佐機関としての発展の実態についての記述もある[23]。しかし，機能変化と，立法府との関係変化が同時期に起きた事実を明示し，またその要因を説明する研究はいまだ存在しない。そこで本書ではGAOの機能変化と立法府との関係変化を制度の具体的変化に着目する制度史の観点から整理するとともに，この変化をもたらした要因の分析を行う。

分析手順は以下の通りである。まず，GAOの歴史研究とオーラル・ヒストリーを使いながらGAOの制度史を記述するとともに，GAOの機能変化と関係変化が同じ時期に起きていることを示す。両者の変化が現在のGAO活動を生み出していったことが，この制度史の分析から明らかになるだろう。ちなみに本研究で利用したオーラル・ヒストリーとは，スターツ院長の任命により1979年と1980年につくられた歴史プロジェクトのための特別チーム[24]が，スターツ院長時代の15年間（1966－1981年）に起きたGAO

る。
(21) 東 (2007)，p. 151において，各国会計検査院は，「その統治機構上の地位により①立法府附属型，②行政府附属型，③裁判所型，④独立型に分類することができる」とある。
(22) 東 (2007)，p. 151.
(23) GAOの歴史に関する先行研究の説明はⅣ.3（80頁）を参照。
(24) チームリーダーは，ロジャー・L・スペリー（Roger L. Sperry）。他メンバーは，ティモシー・D・デズモンド（Timothy D. Desmond），キャシー・F・マックグロウ（Kathi F. McGraw），そして，バーバラ・シュミッ

の機能変化を記録したものである。約40以上ものオーラル・ヒストリー・インタビューが，中心的役割を果たした職員に対し行われた[25]。この他にも，GAO は歴史家（例：ロジャー・R・トラスク（Roger R. Trask））や学者（例：フレデリック・C・モシャー（Frederic C. Mosher）等）に GAO の歴史の記録など GAO 研究を依頼し，いくつかの代表的な研究を生み出すことになった。本研究はこうした GAO 自身が作成したオーラル・ヒストリーを利用した最初の研究である。

以下では，まず第Ⅱ章「GAO の制度史」において，まず GAO の現在の活動の特徴，実績および法的根拠を紹介した上で，GAO の機能変化の経緯と，議会との関係の変化の経緯を説明する。そしてその両方の変化が1960年代後半から70年代という同時期に起きていることを明示する。つづく第Ⅲ章「仮説」では，この2つの変化の関係が，(1)政治・社会的要因，(2) GAO の内部要因，(3)検査院長によるイニシアティブという3つの観点から考察できることを示し，その上でこれら観点別に3つの仮説を設定する。第Ⅳ章「既存理論の検討」では，仮説の検証を行う前に，GAO に関する従来の研究で言及されてきた既存理論について概観する。具体的には，アカウンタビリティ理論・評価研究・GAO の歴史研究の検討を行い，これらの理論的枠組は本研究の仮説を検証するには不十分であることを説明する。第Ⅴ章「検証」では，オーラル・ヒストリーと歴史記述を利用して第Ⅲ章で提示した仮説の検証を行う。そして最後に第Ⅵ章「結論」では，その検証結果をもとに新たな理論的枠組を提示する。

ト（Barbara Schmitt）。
(25) GAO (1989), GAO/OP-11-OH, p. iv.

第Ⅱ章　GAOの制度史

Ⅱ.1　GAOの現在の活動

Ⅱ.1.1.　GAOの特徴

　GAO は，独立・不偏不党・専門性の高いサービスを提供する立法府の機関であり，「議会のための調査・監査機関」または「議会のための番犬」であるといわれている。それは，「アメリカ国民の利益にかなうよう」議会の活動を助け，行政府の活動の向上やアカウンタビリティ（説明責任）の実現を助けることを役割としている。この役割を果たすために，GAO は，議会・行政府・一般市民に対して信頼性の高い情報・分析結果を提供し，必要に応じてさまざまな政策分野について行政府に勧告するなどの活動を行うことを主旨としている[1]。その業務内容は，(1)パフォーマンス監査（プログラム評価など），(2)財務監査・証明業務，そして(3)非監査業務（法的助言や調達裁定など）に区分できる[2]。2005年度の業務量全体に占める，それぞ

（1）　GAO (2005), p. 9.

（2）　業務分類は GAO, 2005, *Overview of the U.S. Government Accountability Office*, pp. 6-7（インタビュー時入手のパワーポイント資料）に基づく。"Types of Work: (i) Performance audits evaluation federal programs, agency performance, and actions needed. These audits include; program effectiveness and results audits（これがプログラム評価を指す）, economy and efficiency audits, internal control assessments, and prospective analyses. (ii) Financial audits and attestation engagements. (iii) Non-audit services, which include; le-

れの業務内容の割合は，(1)パフォーマンス監査が92％，(2)財務監査・証明業務が7％，そして(3)非監査業務が1％となっている。それらの業務の根底には，3つの核となる価値観——説明責任（accountability）・高潔性（integrity）・信頼性（reliability）——があるといわれる[3]。

　GAOの特徴を他の組織との比較やGAOの活動事例から考えると，独立かつ立法補佐という制度上の位置，評価の信頼性，および評価結果の公開性にあることがよく分かる。まず独立かつ立法補佐という制度上の位置については，一般的には理解しにくく，GAOの独自の性格を示している。詳しくはⅡ.1.4.（31頁）及びⅤ.5.3.（163頁）で説明するため，ここでは具体的にどのような場面でその特徴が現れているのかを簡潔に示したい。

　アメリカ国内で他の評価・監査組織である，内部監査室（OIGs: Office of Internal Generals）と比較すると，OIGの評価対象が担当省のみである一方で，GAOは各省を超えた政府全体を視野に入れて評価を行っている[4]。具体的には，2005年のハリケーン・カトリーナの復興に関する評価[5]では，災害後の救援支援や現地政府とボランティア組織からの要請（シェルター，食糧，応急手当用品など）を，連邦政府（国土安全保障省（DHS）の連邦危機管理局（FEMA））に伝え実現する役割を担うアメリカ赤十字と，連邦政府機関（FEMA）が相互に緊密な連携をとり，未合意のそれぞれの役割

---

gal opinions, bid protest adjudications, technical assistance, investigations." と分類されている。なお，詳しい業務説明については中央青山監査法人(2006), pp. 13-28を参照。

（3） GAO (2005), p. 9. ここで説明責任（accountability）とは，アメリカ国民に対する説明責任を確保するために議会が行政府のプログラムとその業績を監視することを，GAOが支援することを指す。高潔性（integrity）とは，高い基準を設定して，専門性・客観性・事実に立脚・非イデオロギー・公正・バランスのとれたアプローチを取ることによって，GAOの評判の基礎を成すものである。信頼性（reliability）とは，GAOの仕事が議会とアメリカ国民にとって信頼できるものであるとみなされるものとなるように，高品質のサービスを利用者が利用しやすいように提供することを指す。

（4） GAO (2003), GAO-03-1167T, p. 48.

（5） GAO (2006a), *Hurricane Katrina and Rita: Coordination between the Red Cross Should Be improved for the 2006 Hurricane Season*, GAO-06-712.

と責任分担について翌年のハリケーンの季節を迎える前までに合意に達するよう，両機関に勧告している。また，要請を受ける側の FEMA は要請を管理するシステムをもっておらず，救援物資の供給に支障を来たしていることから，GAO はその改善を勧告している[6]。これらは，GAO がいずれの省にも属さない独立した立法補佐機関であるがゆえに，議会が扱う政策課題に組織（省庁等）横断的に携わる[7]ことができることを表している。

さらに，GAO による継続的な評価の蓄積が，過去の類似プログラムとの比較によって新たなプログラムをよりよく評価することを可能にしている。例えば，ハリケーン・カトリーナへの事前準備・応答・復興のすべての段階における対応を評価する際に，1993年に起きたハリケーン・アンドリューの評価結果からどのような教訓が読み取られ，そのうちカトリーナが見過ごしている点を分析し，上院国土安全保障・政府問題委員会[8]に報告している[9]。このことは，評価を専門に行う独立機関[10]だからこそ，総合的視点からの評価を蓄積し利用できることを表している。

この GAO の独立性[11]は，検査院長（the Comptroller General）と職員の

---

(6) この件に関して，DHS の内部監査人 (the Office of Inspector General) によって行われたカトリーナに対する FEMA の対応を検査した結果を，GAO は利用している（GAO (2006a), GAO-06-712, p. 4）。GAO が行政機関内部の評価結果も利用しており，内部評価と外部評価が情報を共有する場合があることを示している。

(7) Sperry, et al. (1981), p. X.

(8) The Senate Homeland Security and Governmental Affaires Committees.

(9) GAO (2006b), *Hurricane Katrina: GAO's Preliminary Observations Regarding Preparedness, Response, and Recovery*, GAO-06-442T.

(10) GAO の独立性の利点について Mosher (1979) は他に，「GAO はその活動の選定・実施・成果物において広く独立性を確保していなくてはならない。それは，行政機関のアカウンタビリティを効果的に保証するためにも必要である。独立性がなければ，GAO の努力はバイアスをもち，党派性と政治的・特殊利益の圧力の餌食となってしまう。よって，GAO の独立性は行政機関のアカウンタビリティにとって不可欠であるように思われる」(p. 245)。

(11) 院長の独立性という概念についてより良い理解を得るための方法についてスターツ院長とエルスワース・モース（Ellsworth Morse）院長補佐が

独立性が制度上確保されていることによって支えられている。検査院長の任命は，上院の助言と同意を得た上で大統領によって行われ[12]，その任期は，15年間という長期にわたる[13]。「その結果，GAOとその長である検査院長は長期的視点をもち，複雑で時に論争を巻き起こす事柄の範囲にまで言及する余裕がある」という[14]。また，その解任は議会の合同決議または弾劾によってのみ可能になっており，現実には難しい。そのため，検査院長によるリーダーシップの発揮と独立性の持続が可能になっているといわれる。さらに，GAOの独立性は，その技能に基づいて職員が雇用され，政治的任命にはよらないことによっても保護されているといわれる。職員は，経済学・社会科学・公共政策分析・コンピューターなどの専門家，弁護士，および会計士から構成されている[15]。

次のGAOの特徴である評価の信頼性については，他の立法補佐機関である連邦議会調査局（CRS[16]）や議会予算局（CBO[17]）と比較すると，GAOは，GAO自身が独自に集めた情報，または，情報の信頼性を確認するための検証を済ませた情報に大きく頼っているといわれる。この情報への態度

　　　行った議論から生まれたペーパーは，Sperry, et al. (1981), pp. 256-259 である。また，GAOの独立性の重要性をめぐって，1919－1921年の間に行われた議会での討議の抜粋は，Sperry, et al. (1981), pp. 262-264 にある。

(12) 大統領任命権の存在が，GAOを単純に議会付属機関とせず，独立機関でもあることを示している。スターツ院長はこのことを，「院長は議会のために働くという意味において議会のための官吏であるが，院長は議会の命令を実行するのではない。」(Sperry et al. (1981), p. 256.）

(13) 「連邦裁判所判事の終身官職を除いて，政府の中で（検査院長は）最も長い任期」Kettle and Fesler (2005), p. 380. この15年という長期の任期が，独立性とリーダーシップの維持というGAOの優位を支えていることを，元検査院長のバウシャーが指摘している（Tidrick (2006b), p. 64）。

(14) "GAO Answers the Question: What's in a Name?" by David M. Walker, Comptroller General of the United States, <http://www.gao.gov/about/namechange.html>（アクセス日：2007年8月29日）．

(15) GAO, Nov. (2005), *About GAO*.

(16) Congressional Research Service.

(17) Congressional Budget Office.

はGAOの文化が監査文化を継承している事実を反映している[18]。また、この一次情報などの信頼性の高い情報入手は11の地域事務所の存在に支えられている[19]。例えば、1990年に下院外交委員会の議長はGAOに、国防総省が提案した三元戦略核戦力（the Nuclear Triad）のための近代化プログラムの評価を依頼した。この依頼に応えてGAOは、国防総省の提案内容の正しさを確認するための定量的および定性的証拠を探し、約250の主要技術報告書から定量的データが、また、全体で200以上の大規模なインタビューから定性的データが集められた。そしてその際には現場調査、軍司令部や基地、プログラム事務所への訪問が行われた。さらに、特別諮問委員会をつくり、軍人・文民の専門家（行政機関、大学、シンクタンクなど）に情報を求めた。この評価は冷戦後の防衛計画の見直しという状況下で行われたため、他政策分野の一般的な評価と同じに扱われたとは言いがたいが[20]、この事例が政治的関心の高い、政治的圧力の強い政策分野のプログラムの評価であるがゆえにかえって、GAOによる信頼性の高い情報を求める能力と貪欲さを際立たせている。

さらにGAOは、評価作業の各段階で、評価内容の信頼性のチェックを行っている。このことは、本研究において重要な概念の1つであるGAOの「独立性」や「信頼性」の議論[21]と関わるため、ハリー・S・ヘイブンス（Harry S. Havens）を参考に詳しく紹介したい[22]。GAO内部での入念な信頼性チェックの作業は、特に1970年代と1980年代の間にGAOと議会委員会との関係が密接化し、深刻なリスクをGAOの信頼性に及ぼしたことを背景に始まったという。委員会の中には、問題点を明らかにすることではなく、自らの政治的立場を支持する結果を出すことをGAOのレポートに要求する

---

(18) Havens (1990), GAO/OP-2-HP, pp. 18-22.
(19) Havens (1990), GAO/OP-2-HP, p. 19.
(20) Chelimsky (2006), p. 44. GAOによる情報の検証と取得に関する他の事例は、Havens (1990), GAO/OP-2-HP, pp. 18-22を参照。
(21) Ⅴ.5.3.(ⅲ).（172頁）で扱う。
(22) Havens (1990), GAO/OP-2-HP, pp. 22-27. 他に、東 (2007), pp. 157－160も参考になる。

ものもあった[23]。また，委員会が非現実的なレポートの提出締め切り日を設定してその内容の正確性を脅かすこともあった。こうしたGAOの独立性と客観性を脅かす委員会の動きから自らを守る手段を調査活動のあらゆる段階に備えた。具体的には，まずGAOの計画段階で，質問と人員配置について優先順位を決める。この優先順位付けにおける判断は，委員会スタッフ，関連分野の専門家，およびGAO職員との間での広範な討議によって行われる。

特に委員会スタッフとの対話は双方にとって利益があると言う。GAOにとっては，委員会の議員とスタッフが最も重要であると考えている事項を知ることができる。また同時に，GAOがすでに予測している重要な課題が議論を引っ張り，それまで委員会が考えもしなかった問題を考慮する方向で議題が調整されることもよくあるという。この結果，GAOのリストで優先順位の高い課題が委員会から要請される可能性を生み出している。もちろん，偶発的事件や新しい課題の出現によってこのような優先順位付けが変わることもある。しかし，GAOが毎年1,000以上もの新しい課題に着手し，また，手始めに双方で要請内容を確定するという作業をとることを知る経験ある議会スタッフは，GAOに公式要請を提出する前に非公式の会合を呼びかけるのが通例である。この対話において，GAOは，公正な立場で調査ができ，技術的に妥当で，またGAOの職員数で対応できる調査に合意するためにその課題を扱ったことのある職員に協議を担当させている。この話し合いは通常，双方の担当者レベルで行われる。

要請が取り決められると，実際の調査を始める前に，GAO内部での検討過程に入る。それぞれの課題が，担当課の責任者によって，またそれとは別に検査院長と彼の上級運営チームによって，少なくとも2回検討される。これらの検討は，推定予算の確認，および不必要な業務の重複がないことの確認（GAO内部のみならず，他の立法補佐機関，各行政機関の内部監査

---

(23) Walker (1986), p. 115 は，議員がGAOレポートを自分自身のために使うことがあり，その場合の目的は再選（reelection）であるという。そのためにレポートを宣伝（advertising），功績づくり（credit claiming），および有利な地位の獲得(position taking)などに使おうとするという。

人も検討対象に含む）を中心に行う。

　要請内容の一般的適性が確認されると，次にGAOは，その課題に答えることの価値，その課題の適切性，GAOの検証能力，提案された分析手法の妥当性，人材の適切さ，そして，調査結果の提出のタイミングを検討する[24]。これらの検討はGAO内部で行われるものであるが，こうした検討の過程は，少ない資源を無駄遣いしないために必須の安全装置であり，また，おそらくこのことよりも重要なのは，最初から偏見や技術的な欠陥がある調査を始めるリスクに対抗する措置であるという点にある。

　次のフィールドワークや分析段階においても，信頼性を守るための措置がとられる。担当課の上級職員も巻き込んだ形で調査の進行が日常的に検討され，もし可能であれば，その仕事が行われる予定の地域事務所からの上級職員もこの検討に加わることがある。通常この検討では，計画に照らし合わせた進行状況の確認や，避けられない問題の解決を中心に行う。加えて，議会が要請した課題について頻繁に要請者と接触し，進行状況と問題点を知らせ，また要請された仕事がなお議会のニーズと関連していることを確かめる。

　要請を受けた課題が終わりに近づいた頃，調査結果として何を言うかに焦点を当てた検討が行われる。この調査結果は，正式なレポートや公聴会での意見書などになることが予定されており，こうした調査結果の公表が認められる前に，多角的な視点から独立した検討が行われる。この検討の主たる狙いは，第一に，学術調査に共通に適用されている専門家の批評と同程度の機能を提供すること，第二に，レポートの内容がGAOの質の基準に合致することと組織の承認を得るにふさわしいものであることを確かめるために十分なテストを行うこと，である。

---

(24)　より詳しく質問を列挙すると，その課題は調査に必要な資源に値するか，適切な質問が設定されているか，GAOはその質問に答えるために必要なデータをつくるための効率的で信頼できる方法を備えているか，提案されている分析手法は妥当な結果をもたらしそうか，適切な人々がその課題にとりくんでいるか，調査結果を必要とするタイミングに合うか（Havens (1990), p. 24）。

ところで，こうした検討は具体的には次のような形式を取る。1つ目は，各レポートが，GAO内部のあらゆるレベルの職員－地域事務所および本部担当者，関連政策分野の責任者，検査院長補佐官，質確保のためのチーム，そして編集職員など－による監督や，技術的検討の対象となることである。2つ目は，各レポートに「参照事項の確認（"referenced"）[25]」がなされることである。ここでは，十分に資格のある職員によってレポートにあるすべての数字と事実の記述がチェックされなければならず，その際に，フィールドワークや分析で利用した情報源を特定し，分析にある情報を正確にレポートが反映していることを確認しなければならない。そしてレポート上のあらゆる誤りは，公表前に修正されなければならない。3つ目は，GAOは，議会の要請者によって禁止が表明されない限りは，GAOの調査結果や勧告内容に対して書面によるコメントを該当の行政機関に依頼するということである。その際，行政機関からの公式のコメントはレポートの一部として公表される。また，たとえ議会の要請者がGAOにレポート案を行政機関に見せないように指示することがあったとしても，GAO職員は行政機関職員と「調査終了会議（"exit conference"）」で会い，事実関係の正確さについて確認を行う。そしてもし行政機関からのコメントがGAOレポートに同意しない内容であれば，GAO職員はこれらのコメントを分析し回答した上で，この回答を付してはじめてレポートを公表することができるようになる。さらに，行政機関が，それまでGAOが入手不可能であった

---

(25) 金本（1990）にも，同様の説明が次のようになされている。「報告書の内容の正確さを確保するために，GAOはきびしい内部チェックのシステムを持っている。この内部チェックは何層にもわたって行われるが，最も重要なのはGAOでreferencingと呼ばれる手続きである。すべての報告書は他の調査官（evaluator）の検査を受けるが，この検査は報告書の一行一行についてデータの裏付けと論理性をチェックするものである。また，この検査では調査に使ったすべての内部資料や作業メモが検査者に渡され，それらを用いて検査が行われる。このreferencing以外にも管理職によるチェックや，経済的問題に関しては内部のエコノミストによるチェックが行われ，通常は，10～12ヶ月の調査に1～3ヶ月を費やして内部検査が行われる。」

情報を追加して提供する場合，またはレポートを支える分析や論理における欠陥を指摘した場合には，GAOはレポートの結論と勧告を再検討する。そしてGAOが行政機関の主張が正当であると判断した時には，レポート公表前に適切な変更を行う。4つ目の形式は選択的なものであり，レポートが複雑な形式を持つ分析を含んだり，注意を要する政策事項を扱う場合に利用されるものである。例えば，経済分析はGAOの主席エコノミストが行い，検査院長に直接報告を行う。検査院長と彼の直属の職員は，公表予定のレポートの多くを日常業務の一環として検討するのみならず，政治的に注意を要する事項に関するレポートをすべてチェックする。さらに，GAOが重要な点を見逃していないかを確認するために，政策分野や分析技術の外部専門家にレポート案の検討を依頼することもよくあるという。

　こうした入念な内部での検討は，GAOが調査における信頼性をいかに重視しているかを物語っている。

　この内部でのチェックに加え，GAOは外部監査を受け入れている。具体的には，2004年に初めて，カナダの会計検査院長をリーダーとした，7カ国[26]16人のパフォーマンス監査（プログラム評価など）の経験豊富な人々から成るチームが，GAOのパフォーマンス監査の評価（peer review）を行った[27]。また，会計監査法人KPMG LLPはGAOの財務監査活動の評価を行っている。これら両方の評価において，GAOによる質確保のシステム（quality assurance system）が適切な設計に基づいており効果的に運用されている，と結論づけられている[28]。これらのGAO監査の内部および外部評

---

(26) カナダ，オーストラリア，メキシコ，オランダ，ノルウェー，南アフリカ，スウェーデン。

(27) *International Peer Review of the Performance Audit Practice of the United States Government Accountability Office, April 2005.* <http://www.gao.gov/peerreviewrpt2005.pdf>（アクセス日：2006年6月26日）。その後，2007年の評価結果も公表されている。*International Peer Review of the Performance Audit Practice of the United States Government Accountability Office, May 2008* <http://www.gao.gov/about/internationalpeerreviewrpt2008.pdf>（アクセス日：2009年3月8日））。

(28) Walker (2006), <http://www.aicpa.org/PUBS/jofa/jul2006/walker.htm>（ア

価の存在は，GAOが信頼性の高い情報の提供をいかに重視しているかを示している。

GAOは，このようにつくられた政策の効果に関する評価結果とそれに基づく勧告を，議会・行政機関・市民に対して通知および公表をする。勧告[29]を受けた行政機関は，勧告実施のための計画や勧告に関する自身の意見を，議会に対して明らかにする義務を負う[30]。また，GAOが2001年度に行った1,752の勧告のうちの85%が2005年度末までに実行に移されている[31]。

そして最後に，評価結果が公開され，意思決定過程と一般市民の知識形成（public knowledge）[32]に役立てられることは，GAO評価の大きな特徴である。例えば，前述した1990年の国防総省の三元戦略核戦力のための近代化プログラムをGAOが評価した事例において，国防総省はGAOの評価活動に抵抗した。そのためGAOは，その評価活動の重要な部分において，データがないか，不完全または信頼性に疑いのあるデータを使わなくてはならなかった。さらに国防総省は，評価報告書を完全機密扱いにすることを決め，マスメディアや一般の人々が見ることができないようにした。しかし，3ヶ月に及ぶ継続的議論によって，国防総省は評価結果の要約を機密対象外にすることに同意したことから，委員会議事録の中で公開された。さらに，2，3ヶ月も経たないうちに，マスメディアがこの評価結果に興味を持ち始め，主要紙に議論や論説を掲載したことによって，一般に内容が知れわたることになった。この事例はGAOが，議会および行政による意思決定過程のみならず，一般市民への情報提供という役割も担っていることを表している。なお，GAOレポートは基本的にすべてウェブサイトなどで一般に公開されている。

　　クセス日：2006年6月26日）
(29) 　2005年度の1,144の成果物（内，証言179，報告書などほか965）のうち，63%が勧告を含んでいる（GAO (2005), p. 34, Figure 12）。
(30) 　1970年立法府改革法（Legislative Reorganization Act of 1970）の第236節。
(31) 　*GAO at a glance*, <http://www.gao.gov/about/gglance.html>（アクセス日：2006年5月9日）
(32) 　Havens (1990), GAO/OP-2-HP, p. 19.

Ⅱ.1.2. GAOと議会との関係

　上記の説明のとおり，GAOは議会と密接な関係にある。数字で示すと，GAO活動の要請別割合は，2005年度に議会[33]からの要請が66％，法律上の義務が21％，そして，検査院長の権限の下での研究開発が13％となっており，議会からの要請（法律上の義務を含む）が，87％と大部分を占めている[34]。しかし，このことは，GAOが専ら議会の要請に対して受身的な立場にのみあるということを意味しない。そもそも，議会からの要請といっても，要請が来るのをただ待つというのではなく，GAO職員と委員会スタッフなどとの協議の中で要請内容が決まっていく。このことは，GAOの独立性や不偏不党性の確保や，GAOが持つ分析能力に合う調査内容の設定などに配慮がなされていることを表している[35]。例えば，GAOの「戦略計画（strategic plan）」は，複雑かつ新たな課題に直面しつづける議会をどのようにGAOが支えるかについての青写真であるが，それは，議員やそのスタッフとGAOが近い関係を保ちながら作成されている。この戦略計画の狙いは，議会側が認識している今後の課題のみならず，現在の課題と来るべき変化を考慮した上で，議会が憲法上要求されている根源的義務を考えるための枠組みを示すことにある[36]。

---

(33) 本書では，簡潔な説明をするため基本的に，委員会（committees）も小委員会（subcommittees）も合わせて，「委員会」と呼ぶ（参照：Carol H. Weiss (1985), "Congressional committee staffs (do, do not) use analysis", In Martin Bulmer (ed.), *Social Science Research and Government*, Cambridge: Cambridge University Press, p. 110, Note 1, p. 110）。

(34) GAO (2005), *Overview of the U.S. Government Accountability Office*, pp. 6-7（インタビュー時入手のパワーポイント資料）; GAO (2003), GAO-03-1167T, p. 39; GAO (2000), GAO/T-OCG-00-10, Figure 7, p. 17. を参照。それぞれの要請元の定義は，GAO, Nov. (2005), *About GAO* を参照。

(35) 金本（1990）も同様の説明をしている。そこには，議会から正式なプログラム評価の要請を受ける前に，GAOと議会スタッフや議員との間で非公式な交渉が行われ，議会のニーズとGAOの調査能力とのすり合わせが行われることが記されている。また，議会からの要請受付後の手続きについては，GAO (2004a) および東（2007）を参照。

また，他に GAO と議会との関係を示す例として，GAO は，2006年11月7日の中間選挙10日後に，次期議会において優先的に監視を提案する分野[37]のリストを上下両院の多数党院内総務・少数党院内総務，下院議長，および各種委員会の議長などの議会のリーダー達に送っている。その冒頭でウォーカー検査院長は，GAO は監視（oversight）・洞察（insight）・予見（foresight）という役割を通じて，議会とアメリカ国民に奉仕するというアプローチをとっており，この両者へのバランスに配慮したアプローチが，政府に対する国民の信頼がさらに低下するのを回避することを助ける，という考えを明らかにしている。またこの GAO の提案は，2つの主たる認識に支えられている。1つは，財政赤字への対処の必要性，もう1つは，現在の政府の政策・プログラム・機能・活動のほとんどが，数十年前の状況に基づいており，結果（results-based）や21世紀の現実と十分に関連したものではない，というものである[38]。この書簡は，新議会での優先的課

---

(36) GAO (2000), GAO/T-OCG-00-10, p. 17.

(37) David M. Walker, Comptroller General of the United States, November 17, 2006, *Suggested Areas for Oversight for the 110th Congress*, GAO-07-235R. なお，この書簡は，「ハイリスクが想定されている政策分野のリスト（*the List of High risk management issues*）」と「21世紀のチャレンジ（*21st Century Challenges - Reexamining the Base of the Federal Government*）」に基づいているという（By Daniel Pulliam, *GAO to recommend oversight priorities for next Congress*, GOVEXEC.COM, Oct. 20, 2006.）前者のハイリスク・リストの作成は，国防総省（the Department of Defense）と住宅・都市開発省（the Department of Housing and Urban Development）における10年に及ぶスキャンダルの後，1990年から始まった（by Stephen Barr, "Tasks Sliced Many Ways; GAO Highlights More Than 30 Programs It Views as Prone to Overlap and Waste," *The Washington Post*, Washington D.C., Jan 26, 1999, p. A17）。またこのリストは2年毎（議会会期毎）に更新されている。一方，後者の「21世紀のチャレンジ（GAO-05-325SP）」は，政策決定者と市民が，政府の使命・行政府の業務のあり方・政府運営に必要な財務管理のあり方について，より戦略的に考えることができるよう支援することを目的として2005年2月に作成された（GAO, Nov. (2005), *About GAO*）。

(38) David M. Walker, Comptroller General of the United States, November 17, 2006, *Suggested Areas for Oversight for the 110th Congress*, GAO-07-235R,

題の設定に役立つとして一般に受領者である議員に好意的に受け止められている[39]。このように，GAO は，新議会の開始のタイミングに合わせて，ハイリスクの問題の原因と進捗状況，および今後対応が必要な事項について，議会・行政府・一般市民に示してきた[40]。

以上のとおり GAO は，日々の政策効果を測定するとともに，長期的かつ広範な政策的視野に基づく調査を行うことにより，アメリカ議会・行政府・市民に対して，政府が何を行っているか，行うべきか，今何が問題となっているか，今後問題となるか，について情報を発信し続けることにより，時としてそれらが注意を喚起する状況をつくり続けている。

このような，議会に対する評価報告書などの提出に加え，GAO は議会証言（testimony）も行っている。2005年度に議会証言は179回，レポートなどほかの成果物は965本ある[41]。ほかに，委員会への職員派遣も行っている[42]。

II. 1. 3. GAO の年間活動実績

これまで紹介した活動を GAO は，2005年度現在3,200名の職員と予算額4億7,450万米ドル，そして，ワシントン DC の本部とアメリカ国内の11の地域事務所[43]の体制で行っている[44]。具体的にその活動がもたらした結果

---

  pp. 1-2.
(39) 監視の必要な政策分野の提案書を受領した一人の，ヘンリー・ワックスマン（Henry Waxman）次期上院政府改革委員会議長は，「GAO は行政監視の専門家であり，その提言は翌年の優先事項の設定に大変役立つだろう」と発言している（Jenny Mandel, November 20, 2006, *GAO offers oversight advice to new Congress*, GOVEXEC.COM）。また，各種委員会の議長らは，GAO の提言と議長自身の政治アジェンダの間での類似点を見つけるという方法で GAO の提言を扱うことになるだろうという予測も，指摘されている（Jeffrey Young, November 21 (2006), "GAO report could provide Dem road map," *The Hill* <http://www.thehill.com>）。
(40) GAO (2005), p. 45; Stalcup and Ragland (2003), p. 9.
(41) GAO (2005), *Overview of the U.S. Government Accountability Office*, p. 15（インタビュー時入手のパワーポイント資料）.
(42) Sperry, et al. (1981), pp. 24-26.

を示すと，GAOが2001年度予算に行った1,752の勧告（recommendations）のうちの85％が，2005予算年度末までに実行されている[45]。また，GAOの情報（評価結果・勧告）の提供によって生じた，行政機関や議会の活動への測定可能な金銭的便益は，総額396億米ドルであり，これは，投資額1米ドルに対して得られる利益（ROI：資本投下利益率）が83米ドルであることを表している[46]。金銭的効果は，例えば，議会が連邦プログラムの年間の運営コストを削減する等の結果起こると考えられる。しかし，逆にGAOの情報提供によって行われた法律の改正などにより連邦予算に増額が起こった場合も，金銭的効果が生じたと判断する[47]。もっとも，GAOの活動によって生じた便益の多くは金額で表すことができないことから，行政機関が主たる業務プロセスを改善したり，議会が法や規制の変更を行ったりした事例の件数を合計した数である1,409件を，「他の便益」としてGAOは発表している[48]。このほかに特筆すべき金銭価値以外の指標としては，GAOが立法府からの要請者との合意により設定した締め切り時間より前に提出された報告書および証言の数がそれらの全体数に占める割合（timeliness）があり，その割合は97％（2005年度）に及ぶ。この数字から，立法府における意思決定のタイミングに合う形で，GAOが報告書の提出と証言を行っ

---

(43) アトランタ，ボストン，シカゴ，ダラス，デイトン，デンバー，ハンツヴィル，ロサンジェルス，ノーフォーク，サンフランシスコ，シアトルの11箇所（2005年度現在）。

(44) *GAO at a glance*, <http://www.gao.gov/about/gglance.html>（アクセス日：2006年5月9日）

(45) GAO (2005), p. 23, Table 1, および p. 34, Figure 11. GAO (2005), p. 86 は，85％が4年目の終わり（2005予算年度）までの累積実施率であると説明している。経験上，GAO勧告の中には実行に移されるまでに時間がかかるものがあるため，GAOによる実施率の測定は，与えられた予算年度より4年前に出された勧告の実施のパーセント率となっている。よって，85％は，2001予算年度に出された勧告のうち，2005年度末までに実行された率を示している。

(46) GAO (2005), p. 23.

(47) GAO (2005), p. 25. より詳細な計算方法の説明は，ibid., p. 25 参照。

(48) GAO (2005), p. 29, Figure 7.

ていることがわかる。

II．1．4．法的根拠

前述のような GAO の，独立かつ立法補佐という制度上の位置・評価の信頼性・評価結果の公開性を支える主要な法的根拠は以下のようなものである[49]。

1921年法（1921年予算及び会計法：Budget and Accounting Act of 1921）

この法は，行政府から独立した組織としての GAO の創設を定める（第301条[50]）とともに，従来，財務省が行っていた監査（auditing）・会計（accounting）・請求（claims）などの機能を GAO に譲渡することを定めた GAO の最も根底的な根拠法である。GAO の運営責任者である検査院長は，上院の助言と承認の下に大統領によって任命される（第302条[51]）。その任期は15年であり，解任は議会の上下両院の共同決議によって行われる（第303条）。こうした，大統領による任命，検査院長の長期の任命期間，そして議会による解任とその手続きの難しさ[52]から，行政府および立法府の双方か

---

(49) GAO 関連法規の経緯詳細は，Mosher (1979)，およびこれを踏まえて書かれた渡瀬（2005）を参照。

(50) Mosher (1979), pp. 59-61.

(51) 1980年の改正法による新しい手続きでは，大統領による任命という手続きは残ったが，2党派・上下二院制の議会委員会が推薦した候補者名から検査院長を選ぶことになった。(Hon. Dan Burton, in the House of Representatives, July 22, 1998, "Appointment of the Comptroller General and Deputy," *Congressional record - Extensions of Remarks*.) この改正の簡単な経緯については，エルマー・スターツの15年の任期終了（1981）を目前に，上院議員の中に，検査院長の選定に議会はもっと介入すべきだという意見を出す者が現れた。特にテキサス州出身民主党議員のジャック・ブルックス（Jack Brooks. 当時の上院政府運営委員会の議長）は，検査院長がもつ15年の任期を短くしたいと考えていたが，スターツは彼にその考えを捨てさせた（Tidrick (2006b), p. 62）。

(52) 解任手続きを決めるにあたり，ウィルソン大統領は検査院長任命権をもつ大統領が解任権ももつべきであると主張したが，1921年法によって，

らの GAO の独立性の確保に配慮がなされていることが分かる[53]。

また，同法第313条には，全ての行政部門は，検査院長に権限・義務・活動・組織・金銭取引・経営方法に関する情報を提供しなければならないと定められている。また，検査院長やその承認を得た被雇用者は，それらの情報収集を目的としたいかなる書籍・書類・記録などへの入手権限ももつことが認められている[54]。この規定から，行政府に対する GAO の情報入手能力の確保に配慮がなされていることが分かる[55]。

議会と大統領の共同決議ではなく，議会の決議後に大統領が署名をするという形式に決まった（Trask (1991), p. 3）。

(53) 検査院長は，議会への説明責任の遂行という義務をもつと同時に，行政機関の行政上の説明責任の確保を目的として活動する議会の支援という非立法的な性格の権限も併せ持つことから，立法府と行政府の双方から独立している，と Mosher (1979), p. 242 は説明している。また，コロンビア特別区の地方裁判官は，検査院長が議会への奉仕者としての立場と，独立者としての立場の両方を持つことについて，「第四のタイプの政府機関（立法・行政の２種の基本的権力をあわせた機関）」であるとして説明していることに，Mosher (1979), p. 242 は言及している。

(54) 但し，修正法291の範囲での支出には適用されない。GAO (2001a), GAO-01-975T, p. 3 によれば，大統領が対敵情報活動や諜報活動として指示した活動と関連している場合や，特別に法律で対象外とされた情報などは，GAO の入手権限の対象から除外される。

(55) ほか Trask (1991), OP-3-HP, p. 60 によれば，1951年法は GAO に，契約関連の記録を審査する権限を与えた。そして，1980年法によって，GAO が情報入手のために司法の強制力を求めることができる仕組みをつくった。特に，GAO は，連邦資金を受け取っている契約の事業者に記録の提出を命じることができると同時に，裁判所が連邦政府に記録の提出を命令するよう求めることができる。しかし，GAO による情報の入手が可能な範囲にも制限がある。例えば，Trask (1991), OP-3-HP, pp. 60-61 によると，1980年法は，大統領または行政管理予算局（OMB，前予算局（BOB））は，GAO がある一定の記録を入手することを，それらの情報の公開が連邦政府の業務を著しく損なう危険性があることを証明することによって，回避できる。さらに，Mosher (1979), p. 190 によると，アメリカ連邦捜査局（FBI），アメリカ中央情報局（CIA），行政府の売買一任勘定（discretionary accounts）などに対する GAO の調査権についてはまだ検討中，となっていた。その後，2001年の GAO 証言（GAO (2001a), GAO-01-975T, pp. 4-5 & 7-8）にお

第Ⅱ章　GAOの制度史　33

　加えて同法第312条は，GAOが作成した各種報告書において歳出の経済性または効率性を高めるための勧告をGAOに義務付けている。

1945年法（1945年行政府再編法：Reorganization Act of 1945）
　この法は，GAO及び検査院長を「立法府の一部」（"a part of the legislative branch"）と明確に表現した[56]。これに伴い，予算要求での予算局（BOB）の審査を離れたために，行政府の予算プロセスから自律性を確保することになった[57]。この法の成立以前の1930年代には，1921年法がGAOを「立法

　　　　いてもなお，1960年代初期からずっと，CIAの詳細な監査を行うことができていないと説明されている。その背景には，情報入手についてCIAとの合意に達することが2001年段階でもできておらず，また議会委員会，特に諜報委員会からGAOへの検査要請も限られていることがあるという。記録入手に関する問題点については，Sperry et al. (1981), pp. 78-79 も参照。こうした古くから存在する問題に加えて，2001年9月11日の同時多発テロ事件以降，「取扱注意であるが，機密扱いではない情報（sensitive but unclassified information）」に関する統一基準が政府に不在であること，また，その運用に関する現場職員の理解が十分ではないために，情報の分類指定に誤りが起きたり，共有可能な情報が不必要に制限されたり，制限されるべき情報が流出したりする危険性を抱えていることを，GAOは指摘している（GAO (2006c), GAO-06-531T; GAO (2006d), GAO-06-385）。さらに行政機関などは，取扱いに慎重を要する情報を，情報公開を前提としているGAOに提供することへの懸念を表明している。そのため，GAOは2006年9月現在，こうした行政機関などからの情報入手を確実にするためにGAOによるインタビュー内容を一般市民が入手することに制限を加えることを提案し，これについてのパブリック・コメントを受け付けている（*GAO proposes to block public access to audit interviews*, FCW. com, Sept. 18, 2006, および *GAO proposes limits on access to federal interview content*, Federal Times. com, Sept. 22, 2006）。GAOの特徴である情報の公開と入手能力が，ある状況下ではトレード・オフの関係になることが示されている。

(56)　Mosher (1979), pp. 104-105.
(57)　Mosher (1979), p. 287；渡瀬（2005），p. 40. 予算においては，GAOは連邦議会に予算要求（大統領を通さない）を提出し，連邦議会はGAOのために予算を調整する（中央青山監査法人 (2006), p. 12）。また，人事においてもGAOは，行政府（人事管理局（OPM））の監視対象ではない。1980

府の一部である」と明記しなかったこと，また，GAO が行政府の特徴をもつ機能のいくつかを担っていたことから行政府からの非難が生じ，これに対して，議員が，GAO は立法府の機関である，と反論する場面があった。ようやく1945年法によって GAO が立法府の機関であることが明文化された[58]。

1970年法（1970年立法府改革法：Legislative Reorganization Act of 1970）

この法は，検査院長に対し，議会の要請により，または自発的に，政府のプログラムと活動の調査・分析を行うことを義務付けた。また，議員が法案を検討したり，政府プログラムを再検討したりする場合に，該当する委員会と一緒に関連レポートについて議論をすることを求めた。さらに，GAO に両院の「歳出および政府運営委員会」にレポートを提出することも義務付けた[59]。

年の GAO 人事法（The GAO Personnel Act of 1980）により，職員の任命・昇進・配属や，実績に応じた給与支払いなどの面で GAO の自立性が認められた（参照：Mosher (1984), p. 53, 167; National Academy of Public Administration (1994), p. 8）。これは，1980年以前まで他の行政機関と同様，人事関連法の適用対象であった GAO が，連邦機関やプログラムの議会監視を補佐する役割を強めるにつれて，潜在的な問題への関心が増したことへの対応であった。その問題とは，OPM などの行政機関が GAO 内部の人事活動の監視機能を持った状態のまま，GAO が独立し客観的な立場からそれらの行政機関を監視できるか，というものであった。これに対して，GAO は議会とともに行政府から独立した人事システムを GAO に認める法律を作るために動くことで，解決しようとした（GAO-01-965T, pp. 7-8; GAO-04-1063SP, pp. 5-6）。なお，GAO に認められたこれらの法的権利は，2003年頃になって漸く，ほかの行政機関が申請を始めた，または実行できるようになったものである。この事実は，GAO のリーダーシップがどれだけ早くに発揮されたかを示している（GAO (2003), GAO-03-1167T, p. 3; GAO (2004b), GAO-04-1063SP, p. 6）。さらに，2000年に制定の GAO 人事弾力法（the GAO Personnel Flexibilities Act），および2004年に制定の GAO 人的資本改革法（the GAO Human Capital Reform Act of 2004）によって，人材活用におけるフレキシビリティをさらに得ている（GAO-04-1063SP, pp. 7-9）。

(58) Trask (1996), pp. 532-540.

1974年法 (1974年議会予算及び執行留保統制法: Congressional Budget and Impoundment Control Act of 1974)

この法は，GAO に，政府プログラムの評価，立法目的やプログラム目標の明確化の支援，プログラム実行状況の評価とその報告方法の開発という役割を担わせることによって，プログラム評価における GAO の役割を拡大した。また，プログラム評価活動のための外部専門家を雇用できる権限を GAO に与えたことから，プログラム審査および評価室の設立が可能となった。そして，GAO のプログラム評価活動に対する議会の承認を明示し，プログラム評価活動に関する GAO の義務が著しく拡大した[60]。

1986年裁判 (バウシャー対サイナー: Bowsher v. Synar)

1986年の裁判結果は，1945年法[61]につづき，再度，立法府の機関としての位置づけを GAO に明示的に与えた。1986年の裁判は次のような内容である。グラム・ラドマン・ホリングス (GRH: the Gramm-Rudman Hollings) 法による財政赤字削減の仕組みにおいて，赤字が法令上の枠内に収まっているかなどを判断する役割を，議会は GAO に与えようとした。だが，1986年，連邦最高裁判所はこの GAO の関与が違憲であるとする判決を下した (バウシャー対サイナー[62])。それは，GRH 法の実施への関与という行政的性質を持つ機能は，立法府の機関の長である GAO 院長が担いうるものではない，と連邦最高裁が判断したためである。過去40年間にわたる GAO の発展によって GAO の組織が議会に非常に近い存在になっていたが，この判決によって，GAO は今や完全に立法府の機関になったと考えられた。それゆえこの判決は，GAO が設立初期から悩まされてきた問題を解決したと考えられた[63]。

---

(59) Trask (1991), p. 63.
(60) Trask (1991), p. 64, 77; Mosher (1979), p. 176, 189.
(61) The Reorganization Act of 1945; Trask (1996), p. 532.
(62) 106 Sup. Ct.3181 (1986).
(63) Havens (1990), GAO/OP-2-HP, p. 12.

これらの法律の制定や裁判判決は，GAO の機能変化および GAO と議会との関係の変化の経緯と関係している。次の節では，これらの変化の経緯を見ていこう。

II．2　GAO の機能変化の経緯

前節では，GAO が立法補佐機関であると同時に独立した立場から，信頼性の高い評価結果を立法府および行政府に報告し，行政活動の改善に必要な勧告を行うこと，また，一般市民にも評価結果を公表することを紹介した。こうしたアカウンタビリティのための活動は，行政の運営コストの減少や，法改正に伴う連邦予算の増額などによる金銭的効果，および行政プロセスの改善や法または規制の変更件数などの非金銭価値で示される効果を生んでいること，さらに，こうした活動が法的根拠による裏付けを与えられてきたことも分かった。

本節では，こうした GAO の機能が1921年の設立当初からあったものではなく，時間をかけて変化してきた結果であること，特に，1960年代後半から1970年代の機能変化が現在の GAO の機能を形作っていることを説明する。

ヘイブンス[64]は，GAO の歴史を次の通り3期に分けて説明している[65]。

---

(64) Havens (1990), GAO/OP-2-HP, pp. 1-8 ほか，GAO の歴史に関する簡潔な説明は，GAO (2000), GAO/T-OCG-00-10, pp. 1-5. さらに詳細な説明は，Mosher (1979) を参照。

(65) Havens (1990) は，各期が何年から何年までとは明示していない。それは，機能の変化は，それが起こる前のいくつかの出来事をきっかけに時間をかけて起こるからである。例えば，1950年法が1945年に終焉する第二次世界大戦を原因とした膨大な証票処理に GAO が対処できなくなったという事実をきっかけに法の制定が行われたように，そのきっかけである1945年で区切ることも，1950年で区切ることもできる。実際 Mosher (1979) は1945年から第2期としている。しかし，本書では，GAO の変遷を分かりやすくするために，機能変化を示すメルクマールとなる出来事（法律の制定や検査院長の就任）を各期の区切りとして使っている。これは，バウシャー元検査院長による区切りと同じである（Tidrick (2006b), p. 66）。

II.2.1. 1921年設立から1950年の予算及び会計手続法の制定まで：合規性の検査

　第一次世界大戦直後，戦費で膨れ上がった国家の負債問題に直面し，議会は財政情報と費用の統制が必要であると認識するようになった。こうした中，1921年法は大統領に年次予算の準備を義務付け，そのために予算局（Bureau of the Budget）を財務省内に新設すると同時に，政府の監査・会計・請求といった機能を，財務省から新設のGAOに移行させた。このように，GAOは政府の財政管理の改善を意図してつくられた[66]。この予算局とGAOの新設が同時に1921年法で行われたのは，議会にある考えがあったからであった。その考えとは，予算案の作成および提出という役割が大統領に付与され，さらに，大統領に仕えるための予算局が誕生したことによって大統領の権力が拡大することになれば，それに対して議会は，配分された予算がどのように使われたのかを監査する能力を持つことで大統領権力に拮抗する権力となる必要がある，という考えだった[67]。

　それまで長い間，行政府内に監査機能はあったが，議会は，大統領を補佐する形で監査人を残そうとするあらゆる動きに懸念をもった。そのため1921年法はGAOの独立性を強力に保護することを含んでおり，とりわけ検査院長の在職期間に関する保護は重要であった[68]。

　こうしてGAOは，政府の全ての支出証票が法規則に従ったものか否かについて監査（voucher auditing）を行う唯一の機関となった。しかし，1929年の大恐慌を契機としたニューディール政策による政府支出の増大により，GAOの証票監査の仕事量は増加した上に，第二次世界大戦の開戦に伴い支出証票がさらに増加したことにより，証票監査は膨大な業務量となり破綻した[69]。

---

(66) GAO (2000), GAO/T-OCG-00-10, p. 1.
(67) Havens (1990), GAO/OP-2-HP, p. 1.
(68) Havens (1990), GAO/OP-2-HP, p. 1.
(69) 例えば，1945年のGAO年次報告書では，3,500万件の証票が監査されずに残っていた（Havens (1990), GAO/OP-2-HP, p. 4）。

Ⅱ.2.2. 1950年から1966年スターツ検査院長就任まで：財務効率性の検査

　この事態を受けて1950年の予算及び会計手続法の制定（the Budget and Accounting Procedures Act of 1950）により，新たな方法がとられることになった。それは各行政機関自身が証票検査と会計を行い，一方GAOは，会計原則を決定し，各行政機関が行う財政管理やその手続きと内部統制の妥当性を検査するというものであった。こうしてGAOは，政府支出の合規性のみならず無駄な経費の節約など経営管理上の効率性をも含んだ監査，すなわち包括的監査（comprehensive auditing）を始める。この「包括的監査はGAOによる発明であり，非常に重要な貢献である。これは1960年代後半以降のGAOによるプログラム評価に向けた発展の基礎となった」といわれる[70]。のちに，包括的監査が当初の予測を超えてその適用範囲を，行政機関の会計システム（accounting system）から業務全般（operations）に拡大していき，それに伴い検査対象も，効率性（efficiently）のみならず効果（effectiveness）も含むものへと広がりを見せていくことになる[71]。だがジョセフ・キャンベル（Joseph Campbell）院長の時期（1954－1965年）においてもなお，GAO職員の中には，「包括的監査」の意味と目的が，財務

---

(70) Trask (1996), pp. 338-339. 証票チェック監査（voucher-checking audit）はイギリスで始まったものであり，GAOの会計技術として利用されている企業監査（corporation audit）はアメリカの会計士が発展させたものであるが，これと比較して包括的監査（comprehensive audit）はGAOがつくりだしたものである，とトラスクは説明している。

(71) この「包括的監査」の定義は，リンゼイ・C・ウォーレン（Lindsay C. Warren）院長が示した1949年のものと，1953年のものとでは異なっていると言われる。Trask (1996), p. 322によれば，1949年の定義では，「会計システム，および行政機関の内部チェックとコントロールを強調していた。」一方，1953年の定義では範囲が広がり，『『活動の効率性（efficiently）と合理性（reasonably）』および『公的資金の適用がもたらす効果（effectiveness）』が含まれる。つまり広く『行政機関の業務全般を評価』していると話している。」なお，1949年時点では，「包括的監査の一部として行政機関のプログラムの効果と結果を見るという予定について言及はない」と説明している。

諸表上の収支ではなく，運営（management）を見ることにあることへの理解を欠いている者がいた[72]。そこでキャンベルはこの運営監査としての「包括的監査」の実施を推し進めた[73]。

Ⅱ.2.3. 1966年以降から現在まで：
政策実施効果の検証・財務効率性の検査・将来課題の分析と提示

1966年にエルマー・B・スターツが検査院長に就任した1年後の1967年に，経済機会法修正（Economic Opportunity Act Amendments）はGAOが連邦政府の貧困対策プログラム（the poverty programs）の効果を評価することを義務付けた。GAOがこの評価に成功したことによって，取扱いに注意を要する政治的なプログラムと関わる複雑な問題の調査であっても，注意深く専門的に確かなアプローチをとる限りにおいてはGAOが大きな危険性を伴うことなく扱えることが証明されたと考えられるようになる。そして，その後1970年代には，政策の効果を検証するプログラム評価の積極的な導入が始まる。

実際，こうしたGAOの活動の性質変化に伴い，1966年以降少しずつ，従来の会計士・監査人ではない，経済学・統計学・コンピューター技術・ビジネス・行政学などの他の学問分野の出身者が職員としてGAOに入ってくるようになった。具体的には，1968年度に初めてGAOは，会計学と法学以外の分野から29名[74]の大学卒業生の採用を行った。翌年1969年度にはその数が190名となり，そして1976年まで毎年増加していった。さらにGAOの高位の職員を，前職がほかの行政機関であった人々から採用し，その多くが会計以外を専門としていた[75]。その結果，1980年頃までには，職員のおよそ半分程度が会計学以外の出身者で占められるようになる[76]。

---

(72) Trask (1996), p. 445.
(73) Trask (1996), p. 445.
(74) Mosher (1979), p. 192 によれば，その内訳は11名が経営分析，9名が数学，6名が経済学，2名が統計学，そして1名が工学の専門である。
(75) Mosher (1979), p. 192.
(76) Sperry et al. (1981), p. 174. また，（197頁）補図1「GAO職員総数に占

また，多様な学問分野からの職員採用に加え，複雑な調査については外部のコンサルタントの雇用も進めた。コンサルタントの利用が，GAOのレポートの信頼性を高めるとともに，GAOの職員の知識増大にも役立つと期待されたのである。さらに1980年に，分析技術，プログラムや経営分野の専門家といったコンサルタントの情報を管理するための検査院長補佐官が新たに任命されている[77]。

モシャー[78]は，特にスターツ院長の時期から，GAOが将来志向の活動を積極的に行うようになっていったと説明している。それは，スターツがその発言の中で，将来に向けた政府活動の改善にGAOの活動が貢献することは，過去の活動の過ちの発見以上に重要であるという考えを示したことに，また，GAOのレポートの多くに過去の失敗と同様に将来に向けた提言（recommendation）が含まれ強調されていることに，顕著に現れている[79]。こうした将来志向の活動は，例えば，『次政権に向けた国家重要課題報告書（Transition Series Reports）』(1988)，『ハイリスク・レポート（High-risk Reports）』，『21世紀のチャレンジ（21st Century Challenges）』(2005)，『21

める専門職員の分類別割合（1955-1978年）」(Mosher (1979), p. 145, Figure 2: Professional Groups as Percentage of Total GAO Work Force (1955-1978))を参照。なお，本書第V章において専門職員の専門領域についてより詳しく説明している。

(77) Sperry, et al. (1981), pp. 176-177.

(78) In Bruce L. R. Smith and James D. Carroll (Eds.), 1982, *Improving the Accountability and Performance of Government*, Washington, D.C.: Brookings Institution Press, p. 71.

(79) 将来志向の分析（例：政策分析）が始まった要因として他に，社会的要請が考えられる。具体的には，エネルギー危機（1973）が挙げられる（Havens (1990), pp. 8-9）。議会が，石油供給危機の際に原因把握のために必要な信頼性のある情報を入手することを目的に，GAOに要請して始まった調査は，その後，信頼性のある情報の入手のみならず，どのように問題に対処すべきかについてのアドバイスをGAOに求める端緒となった。この背景には，ベトナム戦争やウォーターゲート事件などに起因する行政府に対する不信感の急速な増大がある。GAOは議会のこの要請に応えるために，エネルギー不足への解決策の提示とともにエネルギーの需要供給分析などに基づいた将来予測を始めることになった。

世紀に向けた戦略計画（Strategic Plan for the 21st century）』などに見られるように，現在も続いている。

　以上のとおり GAO の機能は 3 期にわたって変化してきたことがわかる。その結果，個別の証票が法規に遵守しているかについて確認する役割から，政策実施効果の検証・財務効率性の検査・将来課題の分析と提示という役割に，変化した。しかしそれでは，なぜ「会計」検査院にとって当然に特化しても不思議ではない「金銭」をめぐる監査（証票監査や財務運営監査）から，「政策の意図」に関する評価という，ある一定の監査基準によるチェックでは対応できない，論争を常に巻き起こす可能性を含む活動に移行していったのだろうか。なぜそうした機能変化が GAO という独立した行政監視機関に求められていくことになったのだろうか。

　そこで次節では，上で示した機能変化に関する疑問に答えるため，議会と GAO の関係についての歴史をより詳細に振り返ることにする。

II. 3　GAO と議会との関係の変化の経緯

　GAO の歴史について書いたヘイブンスによると，「GAO の近年の歴史は，議会の明白な必要性に応える形での継続的発展という，明確なパターンを示している[80]」という。GAO の機能変化[81]をもたらした議会側の要望の変化とはどのようなものであり，GAO はそれにどのように応じようとしたのか。さらに，GAO から議会に対しては，どのような働きかけがあったのか（またはなかったのか）。本節では，この議会と GAO の相互関係を見ていく。まず始めに，統治構造の基本を成す分立した三権（立法・行政・司法）のうち，どのように GAO の位置の移動が起きたのかを法制度の議論から説明する。次に，その位置の移動を実務面から見ていく。これらによって，

---

(80)　Havens (1990), GAO/OP-2-HP, p. 13.
(81)　Mosher (1979), p. 187 では，制定法による GAO の役割への影響を説明している（pp. 187-191）。しかし，本書では，制定法がつくられた背景を含むより広い視野から分析を試みている。また，議会から GAO への働きかけという一方通行の影響を見るだけではなく，双方向の影響を視野に入れた分析を試みる。

議会と GAO の関係変化の説明を試みる。

II.3.1. GAO の統治機構上の位置づけに関する論争

すでに述べたように GAO の設立法となった1921年法においては，GAO が立法府の機関であると明記されていなかったが，行政府にある予算局に対抗しうるような立法府のために働く組織をつくる必要が，GAO 設立の背景にあった[82]。ここには，行政府対立法府という権力分立[83]の思想が現れている。しかし同時に，GAO は議会（立法府）のための独立した監査人であり，かつ，行政府の長である大統領によって任命される検査院長をリーダーとし，行政機能のいくつかを財務省から引継いだ組織でもあった。後述するが，その行政機能はその後論争を引き起こし続けた。こうした状況を見て，GAO が行政府と立法府の両方の境界線をまたがっていたという説明もある[84]。

1921年の GAO の設立初期から1986年の最高裁判所判決で明確に立法府の機関であると示されるまで，GAO を行政府の枠内に戻そうとしたり，または逆に GAO から行政的機能を取り除こうとする動きが何度も起きた。

---

[82] Havens (1990), GAO/OP-2-HP, p. 1.

[83] 本書では説明上の混乱を避けるために，憲法上の分立した3つの権限を「立法・行政・司法」と表現する。「行政」には，大統領と行政機関を含む。松井（2004）によれば，厳密な憲法学の解釈においては，伝統的には大統領の権限を「執行権」，議会が設けた独立行政委員会（行政機関）の権限を大統領権限と区別するために「行政権」と呼んだ（p.61）。この行政機関は法律の執行，裁判所のような「裁決」権，そして立法府のような「規則制定権」を与えられていた（p.61）。「執行権」は憲法上の概念であるが，「行政権」はそうではなかった（p.61）。その後，大統領の下の省庁機関として設置されながら独立行政委員会と同様の機能を果たす行政機関も現れ，行政権を憲法上適切に位置づけるべきだとの声が現れるようになった（p.63）。その後，行政機関が行使している権限は，規則制定のような準立法的権限の行使も含めて憲法的には「執行権」だと最高裁は示唆した（p.64）。しかしその後も，最高裁は明確な判断を示してはいないという（p.65）。

[84] Havens (1990), GAO/OP-2-HP, p. 2.

それは，GAO が監査（audit）のみならず統制（control）機能，つまり事前監査を持ち合わせていたことに起因していたといわれる[85]。例えば，ハーディング大統領（1921－1923年）は，1921年法が制定された直後にGAOを財務省に戻そうとした。一方でフーバー大統領（1929－33年）は，GAOから行政府の機能と思われるものを取り除こうとした。また，ローズベルト大統領（1933－45年）もこれと同様の考えをもっていた。ローズベルト大統領の要請によってつくられたブラウンロー委員会（行政管理に関する大統領委員会）は，1937年の報告書の中で，GAO を事後監査の役割に特化させようと試みた。このように，GAO はその機能に制約を加えようとする動きにも直面した[86]。しかしこれらの動きはすべて，議会によって拒否されることになる。それは，大統領がGAOをへたに改造しようとする態度への拒絶を示していた。

　GAO の統治機構上の位置づけをめぐる論争は，1945年の行政府再編法によってGAO は「立法府の一部」と明確に表現されたのち，解決に向かっていく。1950年予算及び会計手続法は，GAOに事前監査の役割を放棄させた。また，1986年のバウシャー対サイナーにおいて，最高裁判所がGAO によるグラム・ラドマン・ホリングス法への関与が憲法違反であるとの判決を下し（35頁），その理由が，これへの関与は行政的機能であり，GAO のような立法補佐機能にはなじまないということにあった。これによってGAO が，決定的に立法補佐機関として認められることになる[87]。

　このように，1921年法の設立意図であった立法補佐機能は，1921年法に明記されなかった。加えて，いくつかの GAO の機能が行政的特徴[88]を持っていた。これらのために，行政府と立法府の権限をめぐる論争の中に身を

---

(85) 詳しくは，渡瀬（2005）を参照。当時の支払命令書システムにあってGAO が，各省庁からの支払い請求書を審査・承認して財務省に送り，財務長官が署名するとそれに副署する役割を担っていた。これは事前審査であり，支払い否認を含む執行統制権であった（p. 37）。
(86) Havens (1990), GAO/OP-2-HP, p. 3.
(87) Havens (1990), GAO/OP-2-HP, p. 12.
(88) 詳細は Sperry et al. (1981), pp. 260-261 参照。

おくことになった。1930年代には行政府からの攻撃にあった際,議員を含むGAO擁護者らが,GAOは立法補佐機関であり,設立当初からずっとそうであったと主張しつづける状況が続いた。しかし,1945年の再編法において立法補佐機関であると明記され,さらに1950年法や1986年の判決によって,立法補佐機関としての機能が法規上整備されていく。また実務的関係においても,両者は密接な関係に向かっていった。

II. 3. 2. 議会とGAOとの関係の変化

GAOと議会との間の実務上の関係はその両者が急速に接近する1960年代後半と,それ以前を分けて説明すると分かりやすい。1960年代半ば以前のGAOの歴史では,GAOと議会の関係は弱かった。例えば,1961年時点で議会から直接に要請を受けた仕事は,GAOの総業務量の5,6％にすぎないと言われる[89]。ちなみに,この数値が1990年代初期に80％以上であったことと比較すると非常に少ない。しかし,1960年代半ばまでの歴史は,その後1960年代後半に起こるGAOと議会の急速な接近の基盤をつくっていた。

ジョン・レイモンド・マッカール (John Raymond McCarl)[90]初代院長(1921－1936年)の頃に,ゆっくりした速度でではあるが,議会との関係が少しずつ強くなっていった。マッカール院長の基本的考え方は,行政府と同様に議会に対しても,GAOの独立性と高潔性(integrity)を維持すると決意するものであった[91]。つまり,あらゆる外部の影響からGAOの独立性を守るように努め,議会には間接的に奉仕するという目的を追求した。実際,GAOの業務のほとんどがGAO自身のイニシアティブによるものであった。それは,マッカール院長が1921年の設立法に記されているGAOの機能を解釈した内容に基づいており,議会からの直接的要請に応える形ではない

---

(89) Trask (1996), p. 120.

(90) マッカールはネブラスカ州で弁護士として過ごしたのち,共和党上院議員の私設秘書を務め,院長就任直前は全国共和党議会キャンペーン委員会の事務局長だった (Trask (1991), p. 7)。

(91) Trask (1996), p. 63.

が，国家財政の健全性を目指して議会のために働くことで，GAO は立法府の機関であるとみなすことができると考えた。にもかかわらず，マッカール院長は，議会に送るレポート数を少しずつ増やしていくことになる。また，彼は要請があれば，議会の委員会に GAO 職員を送った。行政府からの攻撃に GAO が苦しんだときには，彼は GAO の独立性を保つために議会に頼った[92]。このように，マッカール院長の時期の GAO は，議会との関係を改善・拡大するために表立った努力を始めるというのではなく[93]，むしろ，GAO の独立性を行政府から守るために必要な範囲内で議会との関係を考えていたことが推測できる。

次のリンゼイ・C・ウォーレン（Lindsay C. Warren）院長（1940－1954年）は議会との関係の改善・拡大の努力を積極的に行った。議会に対しては，GAO が議会のための組織であるということを常に強調した。議会での彼の長い経歴を考えれば[94]（1924年から1940年までの16年間下院議員。下院の多数党院内総務も務めた），彼が議会との関係拡大に努めたことが理解できる。実際，彼は広範囲に個人的に有する議員との関係を，GAO にとって重要と思われる法律（例：1945年の「政府会社統制法（the Government Corporation Control Act）」，1950年の「予算及び会計手続法（the Budget and Accounting Procedures Act）」）の制定時に頼りにした[95]。また，1940年以前に頻繁に起きていた GAO の役割や機能を変更しようとする行政府の動きから GAO を守るためにも[96]，議会との密接な関係が重要であるとウォーレン院長は考えていた。その上，第二次世界大戦中に急増する戦費の証票監

---

(92) Trask (1996), p. 533.
(93) Trask (1996), p. 63.
(94) 「ウォーレンは卓説した下院民主党リーダーであったため，GAO を変革するために議会と働く準備は十分にできていた。彼は，ローズベルト大統領とニューディール政策の強力な支持者であった。そのため，ホワイトハウスに影響力をもっていた。」Trask (1996), p. 247.
(95) Trask (1996), p. 533-534.
(96) ウォーレンは，議員だった頃に，1930年代後半に起きた行政府による GAO の役割の縮小化への動きに反対したという経歴を持つ。Trask (1996), p. 534.

査の業務に際して，議会の委員会や総会と頻繁に接触することになった。このようにウォーレン院長の考えの中心に，GAOが議会のための機関であり，議会との関係が拡大されるべきであるというものがあったこと[97]，また，第二次世界大戦に伴いGAOの業務量が急増したことが，議会に対するGAOのサービス拡大をもたらしたと考えられる。

そのサービス拡大を示す指標として，トラスクは次の4点を挙げている。第一に，行政機関によって違法に拡大した予算額を実際に必要な額にまで縮小させた。1941年度から1953年度中期までに行政機関に集められた総額は816,317,328米ドルであったが，この額は，行政機関が同期間に要した実際の運転費用の2倍以上であったことをGAOは指摘した。そのため，1941年から1954年の間に総額915,000,000米ドルをGAOは行政機関から回収したという。このことによって，ウォーレン院長は政府の予算節約に役立ったことを強調した。第二に，議会と委員会に提出するレポート数が増えた[98]。レポート数が1940年に180本，1951年に686本，1952年に4,242本と急激に増加している[99]。第三に，「包括的会計」に移行することによって，財務上の監査（financial auditing）を超えた，政府プログラムの効果に目を向けていった[100]。第四に，ほとんど前例のなかった，議会の委員会にGAO職員を割り当てるサービスを始めた。1953年3月には，下院歳出委員会のために行う予算調査で18人をフルタイム職員として配置し，さらに相談に応じて16人の職員が委員会の支援を行った[101]。こうした活動により，ウォーレン院長は議会とGAOの関係を深める基盤をつくり，その後任たちがこれを強化していったとトラスクは説明している[102]。

---

(97) Trask (1996), p. 89.
(98) なお，GAOの職員数が1939年の4,915人から1946年の14,219人に急増していることが，レポートの急増を可能にしたと考えられる。
(99) Trask (1996), APPENDIX VII.
(100) Trask (1996), p. 89.
(101) Trask (1996), pp. 89-90.
(102) Trask (1996), p. 90. また，ウォーレンは，退官前の1954年に次のように言っている（Trask (1996), pp. 89-90）。「GAOは議会のための機関であるということを，議会が覚えていることは重要である。GAOが価値ある存在

次の院長として，ジョセフ・キャンベル（1954-1965年）が就任する。キャンベルは会計士として活動したのち，コロンビア大学学長であったドワイト・D・アイゼンハワー（Dwight D. Eisenhower）によって同大学の財務担当副学長に選ばれる。また，アイゼンハワーが大統領になった際には，キャンベルは原子力エネルギー委員会（AEC: the Atomic Energy Commission）の委員に任命された。さらにアイゼンハワー大統領によって，キャンベルは AEC を退任後すぐに会計検査院長に選ばれた。この経歴のとおりキャンベルは，前任者の二人がそうであったように，議会の領域から選ばれた院長ではない。そのため，議員の多くが議会に関係した人材を院長に選出する伝統を重んじるべきだと考えていたことから，キャンベルの承認には時間を要した[103]。

キャンベルは GAO の独立性の擁護を一貫して強く主張した。彼にとっての独立性とは，監査・調査の対象である行政機関から厳格に隔たっていることを意味していた[104]。一方，議会に対しては，キャンベルは，検査院長選出時の聴聞会（confirmation hearing）で行政府からの独立や議会との法令上のつながりに関する議論が多くなされたため，議会との密接な関係が重視されていることを痛感せざるを得なかった。そのため，彼は GAO と議会の関係を維持・向上するよう働いた[105]。例えば，1956年に議会との

であるためには，常に独立（independent），非党派（nonpartisan），そして非政治的（nonpolitical）であり続けなければならない。そして効果的であるには，GAO は常にその機能と権限を議会に心から支持されていなければならず，また，油断のない保護を得ていなければならない。」

（103）Trask (1991), p. 43.
（104）キャンベルは次のように説明している。「監査人として私たちは，公共活動における会計士と同じく独立していなければならない。政府と企業の間での多くの契約行為に影響を与える事項において，私たちは契約者と行政機関との中間の立場にあることを常に思い出さなければならない。公平に扱われなかったと感じた契約者や，低い価格を提示したにもかかわらず契約を勝ち取ることができなかった入札者は，正義を求めに GAO に頼ることができる，と感じることが必要だ。だから，私たちは完全に行政機関から独立しなければならない。」Trask (1996), pp. 108-109.
（105）Trask (1996), p. 119.

関係の密接化を目的として，議会との直接連絡窓口である立法府連絡室（OLL: the Office of Legislative Liaison）をつくった[106]。

こうして立法府連絡室（OLL）が設置されたにもかかわらず，実際には1961年時点で議会の直接要請を受けた仕事は，GAOの総業務量の5，6％にすぎないとキャンベルは推定している[107]。ちなみにこれは，1990年代初期にその80％以上が議会の要請に基づくものであったことと比較して考えると，非常に少ない。1964年にキャンベルは下院委員会に「私たちのプログラムの概ねすべてが私たち自身の選択によるものである。立法関連の委員会や予算関連の委員会などから，GAO業務に向けた関心と提言を受けるが，一般に私たちのプログラムは自分自身のプログラムである[108]」と伝えていることからも分かる。

この議会との関係の弱さには，下院の軍事活動小委員会が開催した公聴会（共和党のホリフィールド（Holifield）議員を長とする委員会の公聴会）で，国防総省（DOD）の調達契約に関するGAOの詳細な個別調査に対する反発が生じたことでもめた[109]ために，議会からの評価が低かったこと，また，キャンベルは前任のウォーレンが持っていたような，議会と密接な関係をもって仕事をするという性格でもなく，またそうした関心も持っていなかったことなどが要因であると推測できる。彼は，行政府からの独立性を維持することへの関心が高く，議会への関心はそれに比べて低かった，といわれる[110]。他方，議会側のGAOへの関心も評価も低かったことが，次の通り当時のGAO職員の発言に残されている。なお，回答者のテッド・B・ウェストフォール（Ted B. Westfall）はウォーレン院長の時期にGAOに在職（1946－1952年）し監査課長（the Director of Audits）を務めた。

質問者：「私たちのためにある仕事をして欲しいのだけれど……」などとい

---

(106)　Trask (1996), p. 120.
(107)　Trask (1996), p. 120.
(108)　Trask (1996), p. 120.
(109)　ホリフィールド委員会については後にV．1．1．（100頁）で詳述する。
(110)　Trask (1996), p. 124.

いながら近づいてきて，議員または委員会から多くのリクエストがありましたか。
ウェストフォール：ほとんどありません……（GAO は[111]）ほとんど存在していないかのように思われていました……GAO はとても，とても，評判が悪かったのです[112]。

　この議会による GAO への関心の低さは，スターツ院長（1966－81年）がインタビュー[113]の中で，彼の院長就任当初の頃に，「議員の多くが GAO にして欲しいことについての一般的な考え方はもっていても，GAO の活動への具体的支援について申し出ることはほとんどなかった」と指摘していることにも現れている。

　これまでの説明から，次のことが分かる。GAO は1921年に設立してから1960年代前半まで，行政府からの独立を基軸に活動をした。議会との関係は，院長によって積極的か消極的かの程度の差はあるものの，その基本には行政府からの批判を回避して GAO の独立性を保つために議会に頼るという発想があった。他方，議会側からは積極的に仕事の依頼を GAO にするというような欲求を見ることができない。よって，両者とも互いに接近しようとする力は弱く，実際上は両者の関係に距離があった。

　この関係が1960年代半ばを境に接近へと変化していく。キャンベル院長が GAO を去ってから 2 年後の1967年に，議会は，GAO が1960年代にリンドン・B・ジョンソン（Lyndon B. Johnson）政権下で始められた「偉大な社会」プログラム（反貧困プログラム）に関する調査レポートの作成を義務付ける法律を制定した。たった 1 年あまりで GAO はこのプログラムの全国的調査に着手し，1969年には 1 つの主要レポートと，50以上の補足レポートを作成した。この初の試みが，従来 GAO が使ってこなかった新しい技術と方法論的アプローチを急速に発展させる契機となった。反貧困プログラムの評価は GAO のプログラム評価の実施能力を証明し，1970年代

---

(111)　括弧内は筆者補足。
(112)　GAO (1988a), OP-2-OH, pp. 47-48.
(113)　Tidrick (2006a), p. 57.

以降に続く GAO の新たな調査活動の土台をつくった[114]，といわれる。

キャンベル院長の頃につくられた立法府連絡室（OLL: Office of Legislative Liaison）は，1973年まで続き，その後，議会連携室（OCR: Office of Congressional Relations）と名称が変更された。変更の理由について，OCR の初代室長（1973－77年）であったスミス・ブレア（Smith Blair）は次のように言っている。

> OLL は本来の仕事をしているようには見えなかった。もともとの主な機能は法律を書くことであった。もはや我々はそれをしていなかった。スターツは議会支援を増やしたかった。また，議会の要請がゼロに近い状況にまで落ち込んでいくことを非常に気にかけていた[115]。実際，私たちは議会への直接支援のために職員の総時間の約8％を使っていた。私たちの仕事は，議会に GAO の成果物を売りにゆく（広報[116]）活動に真剣になっていった[117]。

しかし，その後，GAO に対する議会からの調査要請は急速に拡大することとなった。そして，スターツは議会への直接支援を総業務時間の30－35％を上限とするとしていたが，ブレアの任期が終わりに近づいた頃には

---

(114) Trask (1996) p. 537.
(115) スターツ自身がインタビューで言及している。「私が（院長を）始めた時，GAO はほとんど議会のために何もしていなかった。私は職員に，私たちの業務のうちどの程度が議会からの要請のものかを確かめるように尋ねると，その回答は約8％というものであった。だから，私は議会との連絡窓口になるグループをつくり，約6人程度の専門職員を置き，主要な委員会との接触を保つようにした。彼らの仕事は，それぞれの委員会の所掌範囲の中で起きている出来事について常に把握していることであり，また，それらの委員会にとって GAO が有用な存在となるための方法を探すことであった。私たちは定期的に金曜日に，すべての管理者の立場にある職員（directors）と OCR（議会連携室）職員を集めて，議会に対する支援を調整するために，OCR 会合を開いた。」Tidrick (2006a), p. 58.
(116) 括弧は原文のまま。
(117) GAO (1990b), GAO/OP-14-OH, pp. 17-18.

第Ⅱ章　GAOの制度史　51

その上限に達したため，議会からの要請を断わるようになっていた[118]。その背景には，議会の急速な拡大（議会スタッフの増大など）や，小委員会（subcommittees）のスタッフからのGAOに向けた調査要請の増大があると，チャールズ・E・エッカート（Charles E. Eckert）（1950－1966年。立法府連絡室（OLL）に所属するなど，議会との調整役を担当した）は発言している。エッカートは「議会が実際どれだけ費用を使っているのか，そして小委員会がどのような機能を果たしているのかについて国民は十分に認識する必要があると感じていた。それぞれの小委員会は，なんらかの貢献をしたがったし，また，貢献していることを知られたがっていた。小委員会のスタッフは次から次へとGAOに支援を求めてきた[119]」と述べている。

さらに議会からの関心の高まりを示す動きとして，議会は，1976年に上院[120]が，次いで1978年に下院[121]が，GAO活動に関する調査レポートを発表した。これら2つのレポートは，GAO活動の一般的評価ではなく，不十分な点などの業務改善に向けた勧告に重きを置くものであった[122]。具体的には両者に次のような意見の一致が見られた。まずGAOのレポートなど

---

(118)　GAO (1990b), GAO/OP-14-OH, p. 18. におけるブレアの発言。また，GAO (1990b), p. 30. のヘンリー・エシュヴェーゲ（Henry Eschwege）の発言によれば，スターツ院長はGAO自身が始めた仕事を行うことによって，いくらか独立性を維持する必要があると感じていたので，議会からの要請数をある一定水準に抑えようとした，という。

(119)　GAO (1990b), GAO/OP-14-OH, p. 18. また，GAO (1990b), p. 32 のエシュヴェーゲの質問とそれを受けたフィッツジェラルド（Fitzgerald）の回答では，議会委員会数の増加により，GAO内部の担当部署に要請を振り分けるときに，要請獲得競争と呼びうる問題が起き始めていたことを明らかにしている。

(120)　*Congressional Support Agencies: A Compilation of Papers*, Washington, D.C.: U.S. Government Printing Office, 1976. 上院の運営委員会のための学者グループの手による本調査は，GAOを含む4つの立法補佐機関に関する調査を内容としている。

(121)　*General Accounting Office Services to Congress: An Assessment*, Washington, D.C.: U.S. Government Printing Office, December 1978. 下院の議会運営に関する特別委員会による本調査は，GAOのみを対象とした調査である。

(122)　Mosher (1979), p. 284.

業務の質については，その正確さや信頼性の高さが認められた。同時に，不十分な点として次の2つの点が指摘された。すなわち，1つは，正確さを求めるあまりに，レポートの提出が法案審議のタイミングに間に合わないなど時宜を得ていない（迅速ではない）点，もう1つは，GAO職員の専門性が財務会計や監査に重点が置かれすぎている点であった。上院のレポートは，社会学・心理学・ソーシャルワーカーを専門とする者が職員にいないために，社会プログラムを評価することができないと指摘した。これに加え下院レポートは，監査人の監査の観点の拡大と，会計以外の分野における専門家の数を少なくともGAOの専門職員数の50%まで増やすことを主張した。さらに上院レポートは，議会とのより密接な関係とコミュニケーションを図ること，プログラム評価の能力を強化すること，そして職員を多様な専門分野の人材で構成することを勧告している[123]。

上の説明から，1960年代後半以降，議会とGAOの相互関係が強まる要因として，議会からGAOへの働きかけが始まる[124]（例えば，反貧困プログラムの評価に関する要請，議会の急速な拡大に伴う小委員会からの調査要請の増加等）一方で，GAOから議会への働きかけも始まったこと（例えば，スターツ院長による，議会からの要請の減少に対する危機感と議会への支援の増加に向けた試み，およびOLLからOCRへの変更等）を考えることができる。

両者の接近を数値で示すために，(1)議会要請で始まった（congressionally-initiated）レポート数の推移（1960-1981年），および(2)GAOの業務内容の事由別割合の変化を見ると次のとおりである。まず(1)議会要請によるレポート数の推移（図Ⅱ-1）を見ると[125]，1960年に76本だったのが，1970年に321本，そして1981年に464本と増えている[126]。また，(2)GAOの業務内

---

(123) Mosher (1979), pp. 284-285.
(124) 「GAOの有用性は議会の積極性，力，そして必要性と切り離して判断することはできない」（Mosher (1979), p. 289）。
(125) Walker (1986), p. 114 は，議会委員会又は議員宛て（to committees or members）のレポート数を，議会要請で始まったレポート数（the number of congressionally-initiated reports）と説明している。

第Ⅱ章　GAOの制度史　　53

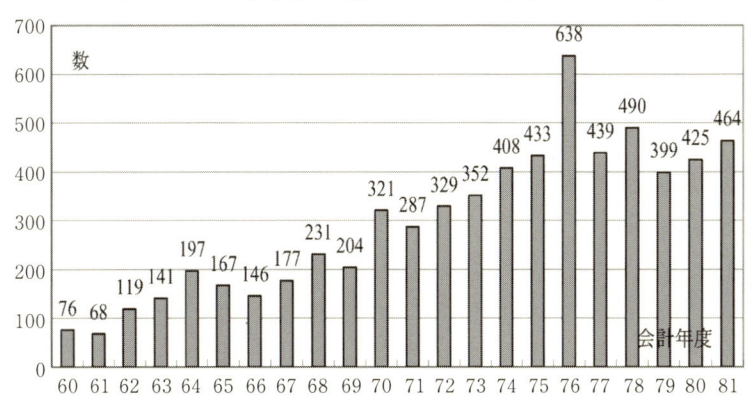

図Ⅱ－1　委員会又は議員宛レポート数（1960－81年）

[図：棒グラフ　会計年度別のレポート数
60: 76, 61: 68, 62: 119, 63: 141, 64: 197, 65: 167, 66: 146, 67: 177, 68: 231, 69: 204, 70: 321, 71: 287, 72: 329, 73: 352, 74: 408, 75: 433, 76: 638, 77: 439, 78: 490, 79: 399, 80: 425, 81: 464]

出典：*The Comptroller General's Annual Reports* (1960-1981) & Walker (1986), p. 114.
注：1976年は15ヶ月間の数字。

容の事由別割合（図Ⅱ－2）を見ると，1966年の総業務量に占める議会からの要請の割合（「法的義務」と「委員会および議員からの要請」を合わせたものの割合）は10％，1981年は67％，1998年は96％，2002年は89％と，1966年以降急上昇している[127]。

ヘイブンスによれば，「1970年代に入るまで，実質的に全てのGAO業務がGAO自身にとっての必要性と優先性に応えたものであった。1969年の時点でも，例えば，GAOレポートのせいぜい10％が議会要請に応えたものであると推定され，GAO職員による議会証言はたった24回だった[128]」とい

---

(126)　数値は，Walker (1986), p. 114, Table 2: Number of GAO Audit Reports Classified by Fiscal Year and Addressee から抜粋。この Table 2 の数値は，*the Comptroller General's Annual Reports* から取っている。また，議会委員会又は議員宛てレポート数は，1960年より前のものは取得不可能。

(127)　数値の出典は，GAO (2003), GAO-03-1167T, p. 39. および GAO (2000), GAO/T-OCG-00-10, p. 17. なお，Trask (1991), GAO/OP-3-HP, p. 134 によれば，GAO誕生初期の，GAO活動に占める議会のための業務割合は，1，2％ではないかといわれている。この記述から，明確な数字が記録に残っていないが，議会のための業務がほとんどなかった様子が窺える。

(128)　Havens (1990), GAO/OP-2-HP, p. 14.

図Ⅱ－2　GAO業務内容の事由別割合

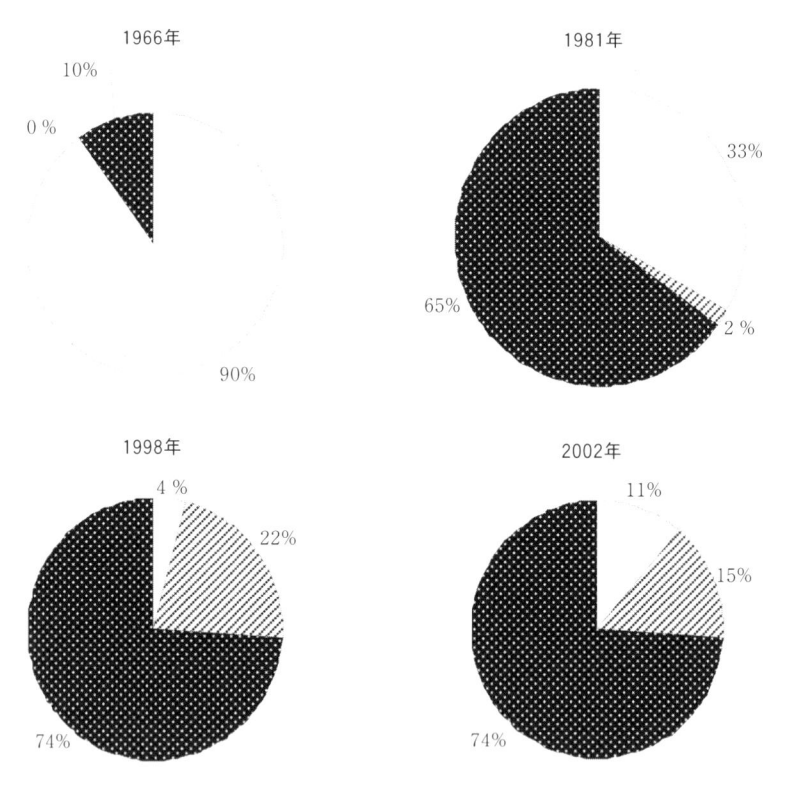

1966年
10%
0%
90%

1981年
33%
65%
2%

1998年
4%
22%
74%

2002年
11%
15%
74%

研究開発（白），法的義務（斜線），委員会/議員の要請（黒）
出典：GAO(2003), GAO/03-1167T, Appendix I, p. 39.

う状況であった。これらのことから，1966年から，特に1970年代以降から1981年までの間，つまり，スターツ院長の頃に議会の要請が高まり始めたことが数字によっても裏付けられている。ヘイブンスのいうとおり，「GAOの近年の歴史は，議会の明白な必要性に応える形での継続的発展という，明確なパターンを示している[129]」のであれば，財務監査からプログラム評価に重点を移していったGAOの機能変化は，議会の必要性に応え

----
(129)　Havens (1990), GAO/OP-2-HP, p. 13.

たものであることになる。確かに，上で説明したとおり，プログラム評価へと大きく舵を切ったのは1966年以降であった。そして議会からの要請率の高まりも同時期以降に起きている[130]。

他に，GAOと議会の関係変化を数値で示すと，1970年代以降に議会を補佐する能力が拡大していることが分かる[131]。GAOが議会委員会で証言を行った数は，1966-70年に年平均30回，1971-75年に年平均47回，1976-80年に年平均156回と増加している。また，GAOの活動から生ずる財政上の利益は，1966-70年に10億ドル，1971-75年に20億ドル，1976-80年に164億ドルと増加している。そして，議会・議会委員会・議員・行政機関職員に向けたレポートについては，調査の対象範囲が広がっていった[132]。

さらに，このGAOと議会の関係の変化は，当時のGAO職員などの発言からも知ることができる。

例えば，チャールズ・A・バウシャー（Charles A. Bowsher）元院長（1981-96年）はインタビューの中で，その前任者であるスターツ院長の時に議会での証言数とレポート数が急増したことについて触れている[133]。

---

(130) また，以下の表Ⅱ-1のとおり勧告数も，特に1970年代以降上昇している。

表Ⅱ-1　勧告数の推移（1965-1977）

年	勧告数	年	勧告数
1965	17	1972	20
1966	9	1973	35
1967	15	1974	32
1968	8	1975	48
1969	10	1976	45
1970	13	1977	74
1971	16		

出典：Walker (1986), pp. 177-178 において，*Annual Reports* (1965-1977) から集められた数字。
注：Walker (1986), pp. 177-178 によれば，この数字は各年の監査報告書によって出された勧告数であり，他の年や再度出された勧告は含まれないと読者に注意を促している。

(131) 証言数と財政上の利益のデータ，およびレポートの調査範囲の拡大と内容の多様化に関する指摘は，Trask (1991), p. 92.
(132) 1921年法は歳入・歳出関連の委員会のみをGAOの支援対象としていたが，1970年法はすべての委員会をその対象にした。

エルマー（スターツ[134]）の院長就任直後は，GAO は議会で年に15回程度証言を行うにすぎず，そのすべてを院長が行った。彼の任期終了までには，12人の課長も加わって，年150回を超える証言を行うようになっていた。私（バウシャー[135]）の任期終了時には，35の分野のリーダーによって多くの証言が行われたこともあり，年300回以上の証言を行っていた。それは，国防総省を除き，どんな機関による証言数よりもずば抜けて多い数であった。私たちは比較的小さな機関であったが，年に1,000から1,500本のレポートを作成し，250から300回の議会証言を行っていた。そのため，私たちのトップレベルの人々の能力によって，多くの注目を受けるようになっていた。

また，1972年の OLL 廃止までその所属職員だった L・フレッド・トンプソン（L. Fred Thompson）[136]は，次のように言う。

ここでの議論（議会委員会数の増加に伴う GAO への調査要請数の増加が引き起こした，GAO 内部の要請割り振りをめぐる獲得競争について，当時 OCR 職員だったマーティン・J・フィッツジェラルド（Martin J. Fitzgerald）が行った説明[137]）は，私が OLL を辞めた1972年以降に GAO がどれほど大きく変化したのかを私に実感させている。私の任

---

(133) Tidrick (2006b), p. 63.
(134) 括弧内は筆者補足。
(135) 括弧内は筆者補足。
(136) GAO (1990b), GAO/OP-14-OH, p. 34.
(137) 括弧内は筆者解説。ほかに，1973年から1977年まで OCR 職員だったブレアの発言が，当時の様子を表している。「民生課と軍事課（the Civil and Defense Divisions: 説明は，GAO(1992), GAO/OP-22-OH, p. iii 参照）のみであった時には，生活はとてもシンプルだった。しかしその後，改組に伴い生活は複雑化していき始め，それまでスターツ院長に報告していたのが2，3人の職員だったという状況が，20人の職員が彼に報告をするようになった。」(GAO (1990b), GAO/OP-14-OH, p. 34.)

期中は，まったく反対の状況にあった。職員の人々と課長補佐（assistant directors）は，次のように言うものだった。「要請のようなものを私のところに持ってこないでくれ。所属職員をとらないでくれ。そして私にこの仕事を割り当てないでくれ。私はそれを欲しくない。」彼／女らは各自で決めたスケジュールがあり，それは，議会委員会とOLLが計画を共有する前に決定していたものであった。

この発言からは，OCRに変更した後からGAOと議会との関わりが著しく増え，それに対するGAO内部の受け取り方に変化が生じたことが分かる。

これまでの説明にあるとおり，1945年再編法にGAOが立法補佐機関であることが明記され，法的に行政府からの独立性を確保した。こうしてGAO設立当初から続いた統治機構上の位置づけに関する問題も一応の決着がつけられていったものの，その後も1960年代前半頃までGAOは，行政権限からの独立性を確保するために議会に頼るという傾向が続いた。しかし，特に1960年代後半以降，GAOは積極的に議会に接近する姿勢をとっていく。例えば，議会へのレポート提出のタイミングやOCRへの変更などによって，議会への支援能力を高めるように努めた。また，議会側も同時期以降，GAOに対する評価などの調査の依頼件数を増加させるなど，GAOの利用を増やしていく。このように，議会とGAOの相互の実務的つながりが1960年代後半以降強められていった。一方，GAOの機能については，財務的監査からプログラム評価へと重点を移す糸口が開かれた。これらの事実は，GAOと議会の関係変化の起こりと，GAOの機能変化の起こりが，1960年代後半という時期を共有していることを示している。

II．4　会計検査院（the General Accounting Office）から行政活動検査院（the Government Accountability Office）へ

こうしたGAOの機能変化と議会との関係の緊密化を経て，GAOが自らの名称を変更したことは象徴的な出来事であった。GAOは2004年7月7日に"the General Accounting Office（会計検査院）"から"the Government

Accountability Office（行政活動検査院）"になった[138]。この新しい名称が何を意味しているのかについて，GAO は次のように説明している[139]。

> 83年を経たのち，会計検査院（the General Accounting Office）はその名前を行政活動検査院（the Government Accountability Office）に変更した。なぜ GAO は，政府の経済性・効率性・有効性と非常に強く関係している組織のアイデンティティを変更する必要を感じたのかと不思議に思う人も中にはいることだろう。しかし私たちの古い名前は，慣れ親しんだ安心感を与えるものであるが，政府における GAO の役割の発展に追いついてはいなかった。実際，"accounting（会計）" はすでに私たちの主要な任務ではない。
>
> 今日，GAO の青表紙の報告書（blue-cover reports）のほとんどは，連邦政府の資金が適切に使われているかどうかを問うのではなく，連邦プログラムと政策がそれらの目的を達成しているのか，社会の必要性に応えているのかどうかを問うものである。

今日の GAO の検査範囲は，アメリカ連邦政府が実施又は計画している世界中の事柄に及んでおり，例えば，GAO 職員はイラクに行き，軍のロジスティックスから，国連の石油食糧交換プログラムまでの全てを見ている。そのために GAO は，最新かつ学際的な専門家としてのサービスを提供する組織に成長し，経済学者，社会科学者，工学者，弁護士，保険計理士，コンピューター専門家，そして，保健から国防まで幅広い領域の専門家を雇用している。

---

(138) この変更は「2004年 GAO 人的資本改革法(the GAO Human Capital Reform Act of 2004)」を根拠法としている。"GAO's Name Change and Other Provisions of the GAO Human Capital Reform Act of 2004," <http://www.gao.gov/about/namechange.html>（アクセス日：2007年8月29日）

(139) "GAO Answers the Question: What's in a Name?" by David M. Walker, Comptroller General of the United States, <http://www.gao.gov/about/namechange.html>（アクセス日：2007年8月29日）

他方で,「GAO の強みは,議会に専門的,客観的,事実に基づいた,不偏不党な,そして特定のイデオロギーを持たない情報を,それが必要とされる時に議会に提供できる能力にある。……立法府に私たちが位置することによって,私たちが監査や監視を行う行政機関から一定の距離をとることを可能にしている」と説明した上で,GAO は深刻な国家的影響をもつ問題に対し「政策決定者や国民に注意を喚起」したり,政府の財政状態や社会保障,テロとの戦いなど「長期的課題を慎重に監視している」としている。

以上の GAO の公式文書の説明から分かるのは,(1)会計から,学際的手法を利用して政策目的に照らしてその効果を検証するという評価活動への重点の移行,および(2)立法府との密接化によって評価対象である行政府に対する客観的立場を確保していることである。こうして,財務面に限定されない広い観点(特に効果の観点)から行政活動を検査するようになった上に,今では,潜在的な将来の課題に注意を喚起することは GAO の責任である,という考えを強めていることも分かる。

こうした変化が GAO の名称変更につながったとした上で,次のように GAO は説明している。

> 名称変更は小さな一歩である。しかし,それはより大きな課題に向かって話していることになる。つまり,連邦政府の活動やその方法を21世紀の現実に合うものに変える必要があるということを話している。今の GAO では,政府の業績を測定し結果に責任を持つことは,私たちが何者であり,何を為すかの中核をなしている。私たちは,政府活動のすべての側面──支出から政策決定まで──に関する事実を知るに国民が値すると信じ続けている。やはり,代議制は情報に通じた有権者にかかっている。

以上説明したように現在の GAO のあり方は,Ⅱ.2およびⅡ.3の説明から,「議会と GAO の接近,およびプログラム評価の増加」という現象が起きた1960年代後半頃に始まりがあることが明らかになった。では,なぜ

この時期に端緒を開くことになったのか。1960年代前半までに見られた議会への接近の理由は,「行政府からの攻撃を回避する」ことにあったが,これ以外のどのような理由が,なぜ,1960年代後半以降に生じたのか。次の章では,3つの観点からの仮説を設定し,それらの理由の説明を試みる。

第Ⅲ章　仮説

　本章では，(a) GAO の機能がプログラム評価に拡大するという変化と，(b) GAO と議会との距離が近くなるという関係の変化の，2つの変化の間の関係を説明するために，3つの観点からの仮説を設定する。観点については，組織に関わる変化を見る場合に，組織と環境の関係，組織内の意思決定過程，または組織内の管理などというように，組織外部の環境と組織の関係という分析視点および組織内部の分析視点があることから，政治・社会的要因，組織内部の要因，そして組織変革におけるリーダーという要因の3つの観点を取り上げる。各観点の詳細は，次のとおりである。
　第1の観点では，変化をもたらした政治・社会的な要因を探る。アメリカの1960年代および70年代は，戦争や政界スキャンダルなどといった事件が行政に対する議会の不信感を高めるとともに，議会自身の情報能力の強化が必要であると考えられていった時代であった。そのため，議会はプログラム評価を利用した行政監視支援を GAO に依頼するようになる。この政治・社会的要因が，(a) GAO の機能変化と，(b)両組織の関係変化との相互関係をもたらしたと予想できる。どういった要因が，どのように，議会と GAO がもつそれぞれの役割と両者の関係についての考えに影響を与えたのだろうか。そして，どのようにして，その影響を受けた考えは，議会と GAO が両者の義務と関係を変えるためにとった行為と関係したのだろうか。さらにそれらはなぜ起こったのだろうか。なお，その議会の行動は，政党間における権力均衡と，議会の各委員会の間における権力均衡とによ

って，いくらかの方向性が与えられたようである。

　第2の観点では，GAOの機能と議会との関係における変化を促した，GAOの内部要因を探る。組織内部からの機能拡大へのインセンティブや，外部からの刺激に対する組織内部の反応がなければ，組織の機能変化や，議会との関係の変化も起こりえない。では，どのように，(a)評価・監査業務におけるGAOの経験と，(b)内部と外部での環境変化に対するGAO職員の反応は，GAOが直面した機能的・距離的変化に影響したのだろうか。そしてそれらはなぜ起こったのだろうか。

　第3の観点では，変化に向けた検査院長によるイニシアティブという要因を探る。ジョン・T・ロウルケ（John T. Rourke, 1978）は，GAOの発展を支える原動力は次の2つの源から生まれているとしている。1つは，エルマー・B・スターツ元検査院長，もう1つは，さまざまな連邦議会議員である。スターツはこの大きな変化を彼のインタビューの中で認めている。「多くの意味で最も重要であるとおそらく言うことができるであろう分野は，私たち（GAO）と議会の委員会との関係が変わったことである」（GAO (1987), p. 134）。なぜ，どのようにして，スターツはGAOの機能の拡大と議会との関係の強化に同時に取り組んだのだろうか。

　本研究では，第2と第3の観点の両方ともGAO内部の要因ではあるが，それらを別々に分けて分析する。これらを別々に分ける理由は，第2の観点（内部要因）がGAO業務に内在的に起こった，プログラム評価に向かっていく漸進的発展を含むのに対して，第3の観点（検査院長要因）はこうした要素を含んでいないことにある。第3の観点は適切なときに適切なリーダーが現れたことの効果を説明することになるだろう。例えばもし，1960年代より前にスターツが検査院長であったならば，GAOの歴史に異なる帰結がもたらされたことであろう。

　また，3つの観点が説明する関係に影響を与えている可能性のある要因についても考察する。具体的には，政党間及び委員会間における権力の均衡，GAOをめぐる相反した意見，GAOの独立性を検討する。なお，本書ではその詳細に触れないが，この3つの観点はアメリカ政治思想とアカウンタビリティを尊重する文化に依拠していると考える。

これまでの説明を視覚化すると図Ⅲ－1のとおりとなる。本研究で筆者は，3つの観点（政治・社会的要因，内部要因，検査院長要因）が，(1) GAOの機能変化と，(2) GAOと議会との関係変化との間にある関係を説明していることを示す。特に，両者の相互作用に注目する（図Ⅲ－1内の太線）。議会のために行う評価において，GAOはいくつかの場面でリーダーシップを示した[1]。例えば，評価に関する手引書の作成や，議会のニーズを知るためのアセスメントを行った。他方では，GAOに対する議会の関心が高まり，GAOへの調査の要望数を増やすことになった。その増加の理由は，プログラム評価を行うために必要な職員の能力が向上したこと[2]，客観的かつ有益な情報を議会が必要としたこと，そして，独立した主体からの情報を議会が求めたこと[3]などにあると言われる。これらの事実は，議会が行政監視のために使う有益な情報としてGAOのプログラム評価を利用するよう，GAOが議会に働きかけるとともに，行政府に対して議会の不信感が増す状況では，議会が客観的な情報を得るためにGAOの支援を必要としたことを表している。GAOが提供する質の高い情報は，議会に対して，GAOのプログラム評価を利用することへの自信を与えることができた。議会とGAOの間で起こるこうした相互作用が，GAOの機能変化と，相互の関係変化を考える上で重要である。議会とGAOは相互に力を与えている。

図Ⅲ－1　本研究の概念図

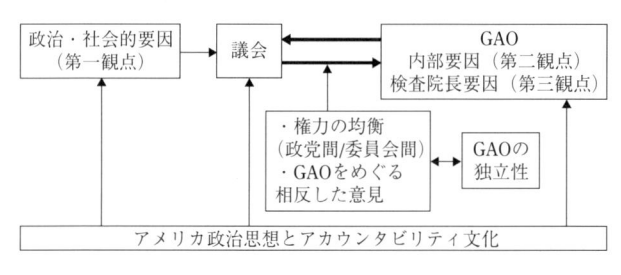

---

(1)　Staats (1984), p. 17.
(2)　Staats (1984), p. 18.
(3)　Staats (1984), p. 19.

本研究では，上記の3つの観点に関連して，次の3つの仮説（Ⅲ.1～Ⅲ.3）を設定する。3つの観点から，国際的に見れば一般的ではない，評価を利用した政策効果の検証や注意の喚起という機能がアメリカの政治構造においてどのように，なぜ，誕生したのかについて説明する。そして，その誕生は，統治機構上の位置という要因（location factor）とどのように関連しているのか。位置という要因とは具体的には，(a)国家作用の3種別（立法，行政，司法）からの「独立」，および(b)立法府の支援を意味する。本分析は主たる3つの理論的研究である，アカウンタビリティ，評価の影響，GAOの歴史に関する研究に貢献すると考えている。

本研究では，一次資料（オーラル・ヒストリー報告書，GAOレポート，新聞等）と二次資料（GAOの歴史研究，論文，書籍等）によってそれらの検証を行う。興味深いことに，GAOは，自身の組織変化を記録することにきわめて熱心であった。オーラル・ヒストリー・プログラムでは，そのために特別に雇用された独立した立場の歴史学者によって，約30のインタビュー報告書がもたらされた[4]。さらに，GAOはいくつかの学術的著作，例えば，モシャー（1979），クロマン（Kloman, 1979），及びトラスク（1996）に全面的に協力している。それらはじかに入手した情報として，GAOの変容の詳細を十分に含んでいる。しかしながら，この価値ある情報とデータを利用した徹底的な研究はまだ存在していない。このため本書では，それらのオーラル・ヒストリー報告書を利用するとともに，二次資料と一次資料を比較するアプローチを採る。

Ⅲ.1 政治・社会的要因（第1観点）

さまざまな政治・社会的要因，例えば，ベトナム戦争（1959-73年），貧困との戦い（1964-68年），ホリフィールド委員会（1965-66年），ウォーターゲート事件（1972-75年），議会改革（1970年代前半），サンライズ法（1977年-）およびサンセット法（1976年-）などが議会の役割に関する考

（4） 引用文献内GAOオーラル・ヒストリー＆ヒストリー・プログラム参照。

え方に関連していると筆者は予測している。こうした政治・社会的要因は，行政機関が提供する情報への疑念を増大させ，また，議会の監視能力を強化する必要性を増やした。この必要性の増大によって，議会は GAO にプログラム評価の実施を要請するようになり，また，GAO がプログラム評価を実施する能力を持つことを議会が知るようになった。

さらに，こういった議会の役割をめぐる考え方は，GAO に対する議会の行動に関連していたと本研究では予測している。行動とは，具体的には，プログラム評価の実施を GAO に明確に義務付ける立法を制定したこと，また，議会による GAO 評価の要請が増大したことなどである。そして GAO はそれらの議会の動きに応えた。プログラムの実施体制の整備，職員の採用・訓練などに取り組み，プログラム評価の質の向上を目指した。議会の行動は，議会内部の権力均衡（例えば，政党間の権力均衡，委員会間の権力均衡など）からの，また，GAO に関する議会内の相反する意見などからの影響を受けていた。こうした影響要因（権力均衡，相反する意見）は，GAO の独立性と強く関係している。

図Ⅲ－2　第1観点における仮説

```
政治・社会的要因→　議会の役割に関する考え方→　GAOに対する議会の行動
                                            （評価活動の要請/監査活動の縮小）
                                                      ↑
                                            ・議会内部の権力均衡
                                            ・GAOに関する議会内の意見
```

Ⅲ.2　GAO の内部要因（第2観点）

(1) GAO がもつ経験（第二次世界大戦後にプログラム評価に徐々に移行，反貧困プログラムの評価）と，(2) GAO 外部（議会が GAO にプログラム評価を要請）と GAO 内部（プログラムの効果を検査する必要性の発見，行政機関横断的な調査の必要性の発見，GAO 自身が持つプログラム評価の実施能力の発見）の人々が期待した GAO の変化に対して向けた GAO 内部職員の反応（肯定的，否定的）は，GAO の機能の変化と，GAO と議会の関

係の変化のために GAO がとった行動と関連していた，と筆者は予測している。

つまり，GAO の経験と，GAO の変化について GAO 内外が持つ期待に対する GAO 職員の反応は，GAO の機能変化をもたらす行動を引き起こした，と本研究では予測している。その行動とは，例えば，経済性，効率性，プログラム結果の監査を含む監査基準を策定したこと，プログラム評価の実施を増やしたこと，行政機関横断的な調査を行うことなどである。さらに，機能変化のためにとられたこうした行動は，例えば，議会のために行う GAO 評価の増加に見られるような，GAO と議会との関係の変化に関連している，と本研究では予測している。

図Ⅲ－3　第2観点における仮説

| GAOの経験
及びGAOの変化についてGAOの内外が
持つ期待に対するGAO職員の反応 | → | GAOによる評価活動の活発化
及び議会への接近 |

III. 3　要因としての検査院長（第3観点）

検査院長であった，エルマー・B・スターツがもっていた(1)経験と，(2)信条，(3)長期の任期，および(4)管理方法の特徴が，強い GAO 内部の反対に直面することなく，GAO の機能の変化と，GAO と議会との関係をめぐる変化を起こすことになった検査院長の行動と関係していると，筆者は予測している。

さらに具体的には，(1)スターツ検査院長がもっていた経験（予算局[5]で計画策定・プログラム作成・予算編成システム[6]に従事した経験，議会との関係重視，行政府が提供した情報の信憑性への懸念），(2)スターツの信条（1921年法の目的の実現化の必要性，議会による行政監視の強化の重要性，

（5）　The Bureau of the Budget.
（6）　Planning-Programming-Budgeting System (PPBS).

GAOの分析の正確さと利便性の間のバランスの重視，複数の行政機関を対象とした検討の重要性），(3)スターツの長期任命（15年間），および(4)スターツによる経営管理方法の特徴（参加型・合意形成型の改革手法）は，GAO内部の強い反対を引き起こすことなしにGAOの機能が変化し，GAOと議会との関係が変化するためにスターツがとった行動（多分野からの職員採用，コンサルタントの利用，議会に対するサービス向上[7]，GAOの独立性の維持，1970年法と1974年法の成立への関与）と関連していた。

図Ⅲ－4　第3観点における仮説

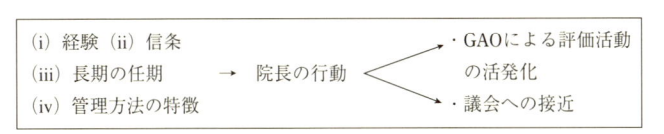

```
(i) 経験 (ii) 信条                        ・GAOによる評価活動
(iii) 長期の任期      →　院長の行動          の活発化
(iv) 管理方法の特徴                        ・議会への接近
```

上記3つの仮説の土台には，アメリカの政治思想や政治文化がある。ジェームス・マディソンの思想である，「政府の構造は，異なる部門の間に，適切な抑制と均衡を与えなくてはならない」（フェデラリスト51番）は，近年，行政監視（oversight）活動の一環として行われている公式の評価活動を含む行政監視（oversight）の文化を促した[8]。そしてまた，アメリカの権力分立の構造は，3つの部門が厳格に分立しているのではなく権力を一

---

(7) 例えば，議会への報告数の増加，証言の頻度の増加，GAO職員の委員会への任命数の増加，議員とそのスタッフに対する助言サービスの増加，前月に公表された全報告書のリストが掲載されている毎月のニューズレターの発行，議会連携室（OCR : the Office of Congressional Relations）の設立が挙げられる。

(8) 「立案者らが考案した政治システムの全体的構想は，あらゆるアクターまたは組織が，ほかのアクターまたは組織によってチェックされるというものであった。公益のために，権力は分散され，個人と組織は互いに調整し，そして政治的アクターの野望は制御されることを，立案者らは期待した」（Aberbach (1990), p. 3）。そしてまた，「アメリカの制度に見られる複雑性は，アメリカの政治構造の直接的帰結である。立法府と行政府の機能がからみ合う議会制度と比較するとき，アメリカの制度は，効率的なアカウンタビリティの関係に対する妨害物や障害物を生み出すように設計されているように見える」（Radin (2002), p. 12）。

部共有し互いに抑制し合うことによって,権力の均衡を保とうとする考え方に基づいており[9],その構造は,政治文化ともいえるアカウンタビリティへのあらゆるアプローチに対応した枠組みと設計をつくっている[10]。このアカウンタビリティなど既存理論に関する検証は次の章で行う。

---

(9)　松井 (2004), p. 14, 65, 66参照。
(10)　Radin (2002), p. 12.

第Ⅳ章　既存理論の検討

　前章で示した仮説の検証を始める前に，本章では関連する既存理論の検討を行う。既存研究において GAO は，政府活動のアカウンタビリティを確保するためにつくられた組織として[1]，また評価手法を使う組織として説明される。また，それらの説明は組織の歴史を示すことによって行われる。よって，関連する理論として，アカウンタビリティ理論，評価研究，および GAO の歴史研究を取り上げる。これら既存理論を検討した結果，仮説の検証のための理論的枠組としては不十分であることを示す。そして，次の章でオーラル・ヒストリーなど GAO の歴史研究を利用した検証を行った後，Ⅵ.1. において新たな理論的枠組の提示を行う。

Ⅳ.1　アカウンタビリティ理論

Ⅳ.1.1.　アカウンタビリティの定義

　ベリル・A・ラディン（Beryl A. Radin）は，「アカウンタビリティが，政府の言語における共通用語になっている。それは頻繁に使われるが，その定義はいかなる正確さも欠いている……不明確であるにもかかわらず，アカウンタビリティは今もなお大変重要な概念である[2]」と記している。

（1）　Mosher (1979), p. 2.
（2）　Radin (2002), p. 11.

おそらく，この概念の重要さゆえにアカウンタビリティに関する研究はその定義に関するものが中心を占めている。バーバラ・S・ロムゼクとメルヴィン・J・ダブニク（Barbara S. Romzek and Melvin J. Dubnick）は，「行政官や行政機関は彼/女らが回答することを求められている限り，彼/女らの活動を説明する責任がある」という定義が回答可能性（answerability）に関する基本的な概念であり，アカウンタビリティという用語以上に洗練されたものはまだないという。また，有名な1940年代のフリードリッヒとファイナーの論争のように，従来の議論ではアカウンタビリティを達成するための最も良い戦略を考える議論が多かったという[3]。そこで，ロムゼクとダブニクは，従来のさまざまな議論を踏まえてアカウンタビリティに関する広い定義として，「アカウンタビリティは，行政機関とそれらの職員が，彼/女らの組織内外に生じるさまざまな期待に対応するための手段を含んでいる」ことを示した[4]。

アカウンタビリティは2つのグループに分けることができる。1つは，統制の源（内部的/外部的）とその程度（高い/低い）によって分類するものである（ロムゼクとダブニク（1987），ラディン（2002））。もう1つは，さまざまなアカウンタビリティのタイプ（財政アカウンタビリティ，プロセス・アカウンタビリティ，プログラム・アカウンタビリティ）[5]を特定するものである（ドナルド・F・ケトルとジェームズ・W・フェスラー（Donald F. Kettle and James W. Fesler, 2005）。

第1グループの統制の源（内部的/外部的)[6]は，行政機関に対する期待の統制が組織内部の主体，または外部の主体によって行われることを意味する。統制に関する組織内部の源とは，組織内部にある公式の階層的関係

（3） Romzek and Dubnick (1987), p. 228.
（4） Romzek and Dubnick (1987), p. 228.
（5） Mulgan (2003), p. 31 によると，用語の使い方に明確な同意がなく，3つの区分に次のようないろいろな用語が与えられている。Financial / fiscal, process / fairness, performance / effectiveness（本書では Kettle and Fesler (2005) から "program" を利用）。
（6） Romzek and Dubnick (1987), p. 228.

第Ⅳ章 既存理論の概説　71

や非公式な社会的関係などから生ずる権威を指す。他方，組織外部の源とは，法律や法的契約に則った公式の取り決めや，組織外部に位置する非公式な利害に基づく権力の行使から生ずる権威を指す。そして，統制の程度（高い/低い）[7]については，期待されているパフォーマンスを実現する方法についてどの程度，行政機関の裁量が認められているかによって，統制の程度が決まると説明される。つまり，統制の高い状態ではその裁量の余地がほとんどなく，一方これとは対照的に，統制の低い状態では高度の裁量の余地が認められる，と定義される。

　他方，第2グループのアカウンタビリティのタイプについては[8]，まず財政アカウンタビリティとは最も伝統的で一般的な概念であり，行政機関職員が管理を託されているプログラムのみに資金の使用を可能にすることを，国民が求めることを指す。具体的には，資金が実際に使われていること，そして，法律に従ってその資金が支出され無駄になっていないことを国民が求めることである。プロセス・アカウンタビリティとは，行政機関がどのように仕事を遂行したのかに関するものである。さらにプログラム・アカウンタビリティとは，プログラムが法律に定められたようにその目的を達成しているのかに関するものである。

　アカウンタビリティ理論に関する文献は，上述のように，概念のカテゴリー化について説明しており，どのように，なぜ，こうした異なるカテゴリー（内部統制/外部統制，高い統制度/低い統制度）が機能するのか，または，どのように，なぜ，こうした異なるアカウンタビリティのタイプ（財政・プロセス・プログラム）のうち，ある1つのタイプからほかのタイプに移行するのかについての実証的な研究はほとんどない。その上，ある政治構造においてプログラムのアカウンタビリティについての関心が起こる要因を分析する試みがなされたことはない。

（7）　Radin (2002), p. 18.
（8）　Kettle and Fesler (2005), pp. 402-403.

Ⅳ.1.2. アカウンタビリティの定義と GAO 活動との比較

(i) 広い定義との比較

アカウンタビリティの定義と GAO の活動を比較してみると，ロムゼクとダブニクのアカウンタビリティに関する定義は，GAO の機能と，GAO と議会との関係に起きた変化を検証する方法のための基本的な考え方を私たちに与えていると言える。とりわけ本書では，GAO 内外に生じた期待の変化は，アカウンタビリティのタイプにどのような変化をもたらすのかを説明する[9]。このことによって，GAO と議会の相互関係の変化を洞察しうると考える。

(ii) 統制の源と程度による分類（第1グループ）との比較

また，GAO 活動とアカウンタビリティの第1グループ（統制の源と程度による分類）を比較してみると次のように考えることができる。まず，評価対象の行政機関と行政プログラムから見れば，GAO は外部機関である。

だが，GAO の活動は上に示したラディンの統制の程度の定義に合わない。GAO の勧告は行政機関による実行を強制するものではない[10]。GAO のレポートにおいては，調査を要請した議員が拒否した場合を除き，原則，評価された行政機関は，公表前のレポート案に対してその結果や勧告について事実の不正確な記述を特定したり，コメントをしたりすることを目的とした検証の機会を与えられている。また，GAO は自らの評価結果に対して行政機関のコメントが否定的・肯定的の違いを問わず，GAO の評価レポートに行政機関のコメントを公表する。但し，レポート公表後60日以内に行政機関は，下院政府改革委員会[11]と上院政府活動委員会[12]に対して，勧告事項について取った又は取る予定の行動について書面での報告を要求されて

---

(9) Romzek and Dubnick (1987) は，「行政のアカウンタビリティは，公共機関とその職員が，それらの組織内外で生ずるさまざまな期待を管理するための手段を含んでいる」(p.228)という。GAOは行政機関ではないが，公的機関として，この定義がなおも GAO 研究にとって有益であると私は考えている。

(10) 廣瀬（2004），p.47；金刺（1996）．

(11) The House Government Reform Committee.

(12) The Senate Governmental Affairs Committee.

第Ⅳ章 既存理論の概説　73

いる[13]。ラディンの定義に従うと，これらのことは行政機関の裁量を認めていることになり，統制の程度が高いとは言えない[14]ことを表している。しかしながら実際には，GAOの勧告は行政機関による実行率が高い。例えば，2001年度にGAOが提出した勧告のうち85％が2005年度までに実行された。この事実から，行政機関のもつ裁量に制約を課すという「統制（control）」が低いにもかかわらず，GAOは高い「影響力（influence）」をもっていることが分かる。ここでの「影響」とは，間接的・長期的に評価が対象の思考や行為に変化をもたらすという場合も含んでおり，必ずしも直接的・即時的に対象の思考や行為に変化をもたらさなくてよい概念として使っている[15]。例えば，GAOレポートが公表された後，メディアや議会での議論などに取り上げられ，行政機関が対応せざるを得なくなる場合などは間接的かつ長期的に評価が対象の行為や思考に変化をもたらしたことになる。この統制が低いにもかかわらず高い影響を示していることは，GAOが，アカウンタビリティ理論がもつ「統制（control）」の概念に基づく理論的枠組の範囲の外にあるように見えることを示している。したがって，アカウンタビリティの第1グループの定義（統制の源と程度による分類）は，本研究のための理論的枠組を与えることはできない。

---

(13) Rosen (1998), p. 80. また，このような検査院の勧告付きレポートに対する行政機関側の義務に関する規定は，1970年法の第236節にある。なお，行政機関からのコメントやGAOの勧告の取扱いなどについては，GAO, 2004a, *GAO's Agency Protocols*, GAO-05-35G に詳しい。

(14) Sperry et al. (1981), p. X は，GAOの特徴の1つは，GAOが直接に政府活動に変化を与える機会はほとんどなく，そのかわりに，勧告（recommendation）の価値や，政府活動の改善に寄与する他の人々や組織などの努力に頼らなければならないことにある，と説明している。

(15) Utilization / Use（利用）という概念を拡張し，Influence（影響）という用語を体系的に説明した代表的論文はKirkhart (2000)であり，本研究での使い方もこれに近い。Influence（影響）概念については，Henry and Mark (2003) も参考になり，これはInfluence（影響）が起こるメカニズムにまで議論を発展させている。

(iii) アカウンタビリティのタイプによる分類（第2グループ）との比較

他方，第2グループの定義（さまざまなアカウンタビリティのタイプによる分類）（ケトルとフェスラー（2005））とGAO活動を比較して考えてみると，GAOの機能変容をこのタイプ別に分類することはできる。例えば，「II. 2. GAOの機能変化の経緯」(36頁)で説明したとおり，GAOは1921年から1950年頃まで，政府の全ての支出証票が法規則に従っているかについて監査（voucher auditing）を行っていた。これは，財政アカウンタビリティに該当する。次にGAOは，1950年から1966年のスターツ検査院長就任の頃まで，無駄な経費の削減など経営管理上の効率性を含んだ監査（「包括的監査」，"comprehensive auditing"）を行った。これは財務諸表上の収支ではなく，財務運営（management）を監査の目的としている。よって，プロセス・アカウンタビリティに該当する。続いてGAOは，1966年以降から現在まで，プログラムの効果を測るプログラム評価を行っている。これは，プログラム・アカウンタビリティに当たる。このように，アカウンタビリティのタイプによる分類はGAO活動を分類別に示すことはできても，財政アカウンタビリティからプロセス・アカウンタビリティへ，そしてプログラム・アカウンタビリティへと重点が移行した理由を説明する概念枠組とはなっていない。

要約すると，既存のアカウンタビリティ理論はGAO活動の研究に，十分かつ包括的な理論的枠組を提供していない。だが，GAO活動の説明には，アカウンタビリティ理論の広い定義や，タイプ別分類は利用できることが分かった。また，GAOという事例を使った実証研究において，あるアカウンタビリティのタイプから他のタイプに同一の組織が変更する理由を考えることによって，分類を中心とした静的な概念で説明されるアカウンタビリティ理論に，アカウンタビリティのタイプの変容という動的な説明を加える試みができることも明らかになった。

IV. 2　評価研究

ここで紹介する評価に関する既存研究には，民主主義と評価，内部・外

部評価をめぐる議論,そして「社会の改善」理論が含まれる。これらの研究は,本研究の理論的枠組を考える上で重要かつ興味深い提案を行っている。しかしながら,それらの全てがここでの理論的枠組に適しているわけではない。本研究は,異なる系統を持つ既存研究が交差する地点にあり,こうした特徴ゆえに評価に関する調査と理論の発展に関わるものである。

Ⅳ.2.1. 民主主義と評価

プログラム評価はGAO活動の重要な道具の1つである。しかし,民主的政治構造におけるGAOのプログラム評価の役割について,評価研究ではほとんど分析されてこなかった。民主的評価(democratic evaluation)に関する著作(例,アーネスト・ハウスとケネス・ハウ(Ernest House & Kenneth Howe, 1999, 2000)のほとんどの根底には直接民主主義(市民参加)があり,間接(代表制)民主主義における公的制度が取り上げられることはあまりない。しかしながら最近になって,エレノア・チェリンスキー(Eleanor Chelimsky, 2006)が議会制民主主義における評価の機能や役割について,GAOの評価活動の事例を使いながら説明をしている。

チェリンスキーは,アメリカ民主主義が立脚する2つの考え方として(1)権力分立制と(2)適切な情報と教育を得た国民こそが民主主義を保証する,という考えを挙げ,評価はこれらを支援しているという[16]。具体的には,アメリカのような民主的政府が評価を利用する目的として,(1)議会による行政監視の支援,(2)行政機関による政策執行・評価などの能力の向上支援,(3)政策形成における知識基盤の強化の支援(例:政策が前提としている考え方の検証など)の3つが考えられるとし,これらによってアメリカ民主主義が立脚する2つの考え方を支えているという[17]。この主張の裏付けと

---

(16) Chelimsky (2006), pp. 36-39.
(17) Chelimsky (2006), p. 39. なお,本文では4番目の目的として評価結果の普及により政府活動に関する一般市民の情報強化を挙げている。しかし,彼女は他の3つの目的と同じレベルで4番目の目的として扱うことはできないという考えを本文中に示している(p. 42)。またその後の実例に基づく説明も3つの目的を中心としている。そのため,ここでは3つの目的の

して彼女は，この3つの評価の目的のそれぞれに評価活動が実際に寄与していることを，彼女がかつて所属していたGAOの事例を用いて説明している。しかし，GAOという組織が彼女のいう民主主義的構造の中でどのような位置にあるのか，およびその特別な位置づけがGAOの評価の役割をどのように規定しているのかについては論じていない。この点について本書では「位置という要因」を分析することで，それが評価を利用する目的の実現を支え，そして結果的に，彼女がいうアメリカ民主主義が立脚する2つの考え方を支援しているという説明があることを示すことになると考える。

IV.2.2. 内部・外部評価をめぐる議論

　評価研究における内部・外部評価に関する議論は，組織（例：行政機関）内部の評価者による評価と，組織外部の契約評価者による評価のように，評価者を明確に分けることに多くの関心を払ってきた。GAOは契約評価者ではないが，評価される組織にとっては外部の評価機関である。他方，内部評価の代表的な論者であるリチャード・C・ソニッチェン（Richard C. Sonnichsen）[18]は，「内部評価局（internal evaluation offices）は，外部の契約評価者にはできないユニークな特徴を持っている。内部評価者は組織内にある知識を時間をかけて得ることができ，また，近距離から組織を継続的に観察することによってのみ得ることのできる文化的発見を発展させる」と説明している。だが，この説明はGAOの事例に適していない。GAOは評価の対象となる組織の外部にあるが，それらの組織と継続的なコミュニケーションをもち評価結果を蓄積してきた。この継続的な観察は，GAOが現実的な評価を行うことを可能にしている。この意味において，過去の研究における内部・外部評価の定義は，GAOの事例を十分に説明できない。そのため，本研究は内部・外部評価に関する議論に直接には言及しない。

　この内部・外部という分類は，GAOがユニークかつ潜在的にきわめて重

　　みを挙げている。
　(18)　Sonnichsen (1994), p. 131.

要な位置にあることを際立たせている。GAO はそれが評価する行政機関とプログラムから独立しているが（外部評価の利点），しかしまた，GAO は評価の対象である組織がもつ文化も知っている（内部評価の利点）。この中間かつ重複している GAO の位置は，内部と外部評価の特徴の間で，評価者の位置づけに関する研究と理論に新しい側面を示すことになると考える。

Ⅳ.2.3.「社会の改善」理論

さらに，本研究では評価に関する最近の理論的知見を利用する。メルヴィン・M・マーク等（Melvin M. Mark et al., 2000）の著作は，世界のより広い状況に評価がどのように貢献するのかという考えを私たちに与えている。マーク等は，評価が「共通観念の創出を支援する（assisted sense-makings）」ための1つの道具として働き，そしてこの共通観念が創出されることによって，「社会の改善（social betterment）」がもたらされる期待を説明している。

上で説明した内部・外部評価は，評価主体の位置づけの問題と言い換えることができ，それは「社会の改善」の考えとも関係している。つまり，こうした位置づけの問題は，評価研究においてこれまでほとんど注目を集めることがなかった「評価の影響を増加しうる要因」と関わっている。評価の利用（影響）に関するこれまでの研究は，評価の結果および／またはプロセスが，意思決定および／または組織の向上に与えた変化の有無や，利用の種類に関するものであった。そこで本研究では，統治機構のどこに評価者が位置しているのかによって，評価が与える影響が増えたり減ったりしているのかもしれない，ということについて調べる。この位置という要因（location factor）は，評価結果の利用の仕方や「社会の改善（social betterment）」との関わり方に影響を与えうる。位置という要因は評価結果をすぐに意思決定に適用することを示しているのではない（または，意思決定における評価の直接的利用を期待しているのではない）。しかも，この位置という要因は，アカウンタビリティを実現するために繰り返し働くものであり，短期的または一回限りの契約として働くものではない。

但し，本研究では，位置という要因がどれほど多くの作用を「社会の改

善」に与えたのかの分析は行わない。しかし，GAO が行った勧告のうち85％[19]が議会と行政府によって実行に移されたという事実は，GAO の評価と「社会の改善」の間にある程度の関係があることを推測させる。

さらに，本研究では，いかにして位置の要素が「社会の改善」を促すために働くのかについて説明することを目的に各事例を注意深く観察するという方法はとらない。なぜなら，すでにGAO が行った評価活動の影響についての事例分析が存在しているからである。例えば，チェリンスキー（2006）で取り上げられた三元戦略核戦力（the Nuclear Triad）の評価である。この事例研究は，GAO が意思決定と公開討論に影響を与えていることを説明している。1990年に，下院外交委員会のダンテ・ファセル（Dante Fascell）議長は，国防総省が三元戦略核戦力のために提案した主要な近代化プログラムを評価することを，GAO に依頼した。アメリカと旧ソ連が戦略的な武器の削減について新たな合意に達したことを受けて，アメリカの戦略攻撃戦力計画（the US strategic offensive force structure）の中の空軍・陸軍・海軍の規模と質に関する重要な決定を議会が行おうとしている状況において，議会は GAO にこの評価を要請した。国防総省は GAO が評価のために払う努力に抵抗し，また，GAO は評価の重要な部分において，データがないか，または不完全であったり信頼性に疑いのあるデータを使って評価をしなければならないことがよくあった。また，国防総省は全ての GAO 報告書をそのまま完全に機密扱いにすることを決め，マスメディアや一般の人々が評価全体に近づくことができないようにした。

しかし，3ヶ月間に及ぶ継続的な議論によって，国防総省は要約を機密扱いの対象外にすることに同意した。この声明文は議長のファセルに届けられ，議事録の中で公表された。さらに，マスメディアがこの評価に興味

---

(19) GAO, *Performance and Accountability Report 2005*, p. 86. は，85％が4年目の終わり（2005予算年度）までの累積実施率であると説明している。経験上，GAO 勧告の中には実行に移されるまでに時間がかかるものがあるため，GAO による実施率の測定は，与えられた予算年度より4年前に出された勧告の実施のパーセント率となっている。よって，85％は2001予算年度に出された勧告のうち，2005年度末までに実行された率である。

を持ち始め，2，3ヶ月も経たないうちに，主要紙における深刻な議論や論説者によるコメントが掲載されたことによって，国中でこの内容が知れわたることとなった。政府問題に関する上院委員会（the Senate Committee on Governmental Affairs）の議長であるジョン・グレンが委員会の聴聞会での証言にGAO職員を招待したのち，防衛論議に関する賛成と反対をめぐる国家規模の関心が，GAOの評価に対して噴き出した。結局，GAOによってその必要性が疑問視されたSICBM（小型大陸間弾道ミサイル）とPeacekeeper Rail Garrison（ICBM MXミサイルのための鉄道配備）はブッシュ大統領によって中止された。彼はまた，GAO評価がその検証の不十分さを指摘したMinuteman II force（核兵器）全体を，取り止めた。この事例は，GAOの仕事が，独立した位置から行政機関の情報を入手することに積極的な機関であり，また，一般の人々・議会・行政機関に向けて，潜在的問題に警告を発し，また，互いに議論する契機を生み出していることを示している。

　本研究はこのような事例分析を扱うものではないが，「社会の改善」を私たちが理解することを助けることになると考えている。評価研究における「社会の改善」理論を提案するマーク等（2000）よれば，民主的機構が社会問題を軽減するために直接的に行動するのに対して，評価ができる貢献は間接的で媒介的である。評価は，民主的討議と行政的実践において利用可能な情報を提供することによって，社会の改善に貢献する。言い換えれば，社会プログラムや政策をより良く選択し，監視し，向上させ，意味あるものとするために，評価は民主的な機構とその代理人を支援できる。この理論を踏まえて考えると，GAOは，議会・行政府・一般市民のために独立した立場から政府の情報を供給し，また，よく選定された方法論と情報源を使う組織であることから，GAOは「社会の改善」に向けた出発点にいる。したがって，本研究は，GAOの機能を変化させた要因，およびGAOと議会の関係を変化させた要因を検証することによって，評価組織の位置の要因（organizational location factor）がどのように「社会の改善」と関わっていくのかに関する今後の研究の発展に加わりたいと考えている。

Ⅳ.3　GAO の歴史研究

　GAO の歴史研究に関する文献においては,「1921法で義務付けられたと解釈できるにもかかわらず, なぜ GAO はプログラム評価を本格的に始めるまでにこれほど長い時間を要したのか？」という疑問が投げかけられている。GAO の機能変化に関するこの質問は, 1993年のオーラル・ヒストリー報告書（GAO/OCG-1-OH）の中のスターツやヘンリー・エシュヴェーゲ（Henry Eschwege）[20]とのインタビューで議論された。しかしこの後, この疑問をめぐる彼らの議論が注意深い研究によって支えられることはなかった。これまでの GAO の歴史研究は将来の分析に貴重な資源を与えてきた。だが, GAO の歴史全体を貫くこの重要な問いについての綿密な分析がなされることも, そして, GAO の歴史的経験がアカウンタビリティ理論と評価研究に生かされることもこれからである。

　1993年のオーラル・ヒストリー報告書（GAO/OCG-1-OH）は, GAO がその機能をプログラム評価に変化させることに時間を要した理由を, 次のように説明している。第一に, GAO 職員の中に, 会計士はいたがプログラム評価ができる評価者はいなかったこと, 第二に, 行政府は自らの活動を外部機関によって評価されることにほとんど関心がなく, 他方で, 議会はGAO が財務監査を行うことを期待していたために, プログラム評価を始めるきっかけがほとんどなかったことを挙げている。これらの理由は, 一応考えられる説明を与えてはいるが, しかし, そうした理由として挙げられている事実に関する注意深い分析, またはアメリカ政治や関連理論においてそれらが何を意味しているのかについての慎重な分析に基づく説明とはなっていない。

　他の GAO の歴史研究は, 本研究で示した分析のための3つの観点（政治・社会的要因, GAO の内部要因, 検査院長要因）に間接的に関連した情報を提供している。

---

(20)　元院長補佐官（計画と報告担当）(Former Assistant Comptroller General for Planning and Reporting)

第一に，GAOの発展の歴史に関する文献は，本研究の3つの観点に関連はしているが焦点を当てていない情報を私たちに与えている。モシャー(1979)とヘイブンス(1990)は，GAOが，政府の支出証票の監査(voucher auditing)を行う組織から，1940年代に支出の合法性と同時に経営管理上の効率性を含んだ監査(「包括的監査」,"comprehensive auditing")[21]に変容していき，さらに，この包括的監査から1970年代にはプログラム評価を含む多くの専門分野をもつ組織へと変容していったことを説明した。トラスク(1991)は，各検査院長の就任期間に区分してGAOの歴史を説明している。第二に，ウォレス・E・ウォーカー(Wallace E. Walker, 1986)は，GAOの組織文化の変化に関する著書の中で，組織文化が変化している間にGAO内部で何が起こっていたのかを説明している。第三に，エルマー・B・スターツが1966年から1981年までの間のGAOの変容をうまく管理したことについて，キャシー・キャラハン(Kathe Callahan, 2006)が説明している。キャラハンは，GAOの変容をスターツのリーダーシップに焦点をあてて説明している。GAO (1987)もまた，GAOの発展を指揮したスターツの考えについてスターツへのインタビュー記録を残している。

　しかしながら，これらの文献は本調査に理論的枠組を与えるものではない。これらの文献は，本研究における分析の情報源となり，アカウンタビリティ理論と評価研究における理論を再考し発展させるために利用される。

　以上検討してきたとおり，既存理論は本書における仮説の検証のための理論的枠組としては不十分であることが分かる。次の第Ⅴ章ではオーラル・ヒストリーなどGAOの歴史研究を利用した仮説の検証を行い，その後Ⅵ.1.において新たな理論的枠組の提示を行うという流れで議論を進めていく。

---

(21)　Rourke (1978), p. 453.

第Ⅴ章　検証

Ⅴ.1　政治・社会的要因（第1観点）

図Ⅴ－1　第1観点における仮説

> 政治・社会的要因→議会の役割に関する考え方→GAOに対する議会の行動←GAOの反応
> 　　　　　　　　　　　　　　　　　　　　　　　（評価活動の要請／
> 　　　　　　　　　　　　　　　　　　　　　　　　監査活動の縮小）

Ⅴ.1.1.　関係説明－どのようにして起こったのか

(i)　「貧困との戦い（War on Poverty）」（1964－68年）

　1960年代後半から70年代は，アメリカ政治・社会にとって激動の時期であった。リンドン・B・ジョンソン大統領（1963－69年）は，強力なアメリカ経済の維持と社会福祉における連邦政府の役割の拡大を目標とした「偉大な社会（Great Society）[1]」の中心的政策の1つである，「貧困との戦い（War on Poverty）」（1964－68年）と呼ばれる，教育・医療改革などを通じた経済的再配分を目的とする社会福祉政策を採り始めた。これら福祉政策は莫大な連邦政府資金の支出を伴うものでありながら，当初は経済成長による税収の増加で赤字を軽減していた。しかし，さらに福祉政策は拡大し，のちに説明するベトナム戦争による軍事費の増大ととも

（1）　有賀（2002），p. 62.

に，次第に財政を圧迫するようになる。赤字の持続的拡大は，社会福祉政策のために巨額な連邦資金を出資する「大きな政府」に対する批判を強めることになった[2]。こうした中，「貧困との戦い」の支柱となる1964年経済機会法（the Economic Opportunity Act of 1964）で定めた目的を，反貧困プログラムは達成できているのかについて議会は疑問を持つようになった。そこで1967年の経済機会法の修正により[3]，経済機会局（OEO: the Office of Economic Opportunity）などによって実施されたプログラムを評価することを，GAO院長に義務付けた[4]。これによって，GAOは初の本格的なプログラム評価を行うことになった[5]。このプログラム評価実施の決定に対する党派性の影響[6]を，スターツ院長はインタビューで指摘している[7]。

---

(2)　有賀（2002），pp. 63-64.
(3)　ウィンストン・プラウティ（Winston Prouty）上院議員（共和党）の後援によって修正されたため，プラウティ改正（Prouty amendment）とも呼ばれる。なお，スターツ院長はインタビュー（GAO/OCG-1-OH, p. 33）で，1967年の法修正の直前に，プラウティ上院議員がスターツ院長に電話をかけ，経済機会法関連の分野でGAOがそれまででどんな仕事をしてきたのかについて問い合せをしたという。
(4)　Trask (1991), pp. 61-62; Havens (1990), GAO/OP-2-HP, p. 7.
(5)　Sperry, et al. (1981), pp. 30-31.
(6)　党派性がプログラム評価の開始に影響していたと言うことができたとしても，そういった大統領と議会多数派の政党が異なる（分割政府）からプログラム評価を含めたGAOの活動量が増加すると言うことはできない。なぜなら，GAOレポート数（評価レポートに加え，議会証言（testimonies），書状（correspondence），特別刊行物（special publications）等も含む数字。GAOの検索システム <http://www.gao.gov/docsearch/repandtest.html> ではこれらを種類別に検索することができない）の推移（補図2, 198頁）を見ると，統一政府（大統領と議会多数派の政党が同じ）でも増加していることがあるためである。具体的には，GAOレポート総数（1971-2005年）を見ると，カーター政権（1977-1981年）（大統領，上下両院とも民主党の統一政府）においてレポート数が増加傾向を示している。一方，ブッシュ政権（1989-1993年）（大統領は共和党，上下院とも民主党の分割政府）やクリントン政権（1993-2001年）（大統領は民主党，上下院とも共和党の分割政府）でも増加傾向を示している。このことから，分割政府と統一政府の相違が，GAOの活動量に影響があるとは言えないという結論になる

共和党議員は，経済機会法が延長されるべきかどうかについて疑問を呈していた。それは非常に大規模なプログラムである。そこではよい結果をもたらしているかどうかについての多くの論争があった。そういう意味では党派的事項ということができた。しかしGAOは中立的立場にいると考えられていた。だからこそ，議員はGAOに評価を担わせた。……民主党は反貧困プログラムを批判するように聞こえるどんなことでも言いたくなかった。そして共和党はそれを批判する方法を探していた。

　加えて，ヘンリー・エシュヴェーゲ[8]はインタビューで，1968年の大統領選挙が，プログラム評価をGAOに義務付けることに影響があったことを指摘している。その大統領選挙では，共和党リチャード・M・ニクソン（Richard M. Nixon）（1969－1974年）が民主党候補ヒューバート・H・ハンフリー（Hubert H. Humphrey）に勝利し，当時の現職大統領ジョンソン（民主党）の後任になることが決定した。なお，その前年1967年の連邦議会休会直前の12月23日に，経済機会法修正（Economic Opportunity Act Amendments）が公布された。プログラム評価をGAOに義務付けることになったこの法の修正のイニシアティブをとったのは，共和党ウィンストン・プラウティ（Winston Prouty）上院議員だった。これらのことから，エシュヴ

からである。しかし一方でウォーカー検査院長は，「大統領と上下院の多数派が同一政党で占められるときは通常――政党は関係なく――，そうではない場合と同程度には行政監視活動が行われない」と発言している（October 20, 2006, *GAO to recommend oversight priorities for next Congress*, GOVEXEC.COM）。
（7）　GAO (1993), GAO/OCG-1-OH, p. 35&39.
（8）　1982－1986年元院長補佐官（計画と報道担当）(Former Assistant Comptroller General for Planning and Reporting）。1972－1982年資源及び経済発展課長（the Director of Resources and Economic Development Division のちに the Community and Economic Development Division に改称）。1967年初期まで農業部門担当。

ェーゲは,次のように発言している[9]。

　プラウティ上院議員は,共和党員であるが,おそらく GAO レポートを手にするのは共和党大統領(彼はそのことを希望したのであるが)であり,いくつかの反貧困プログラムの再構築,あるいは取り消しを試みるために,そのレポートを使うにはよい時だと考えたのだろう。
　彼は最優先事項にこれらのプログラムを置くことに熱心ではなかった。

　GAO が評価を行った OEO のプログラムには職業訓練,貧困対策,雇用対策などに関連するプログラムが含まれていた[10]。評価は効率性と効果の2つを明らかにすることを内容とした[11]。OEO と地方公共機関及び民間機関によるプログラムや活動の管理の効率性と,プログラム又は活動を認定している1964年経済機会法に定められた目的に,それらのプログラムと活動が達成した程度を分析するものであった。
　また,評価方法は現地調査と統計・経済分析を採用している[12]。現地調査では,選択した場所で,主要プログラムに関する管理の効率性と目的の達成度の調査,および,反貧困プログラムと関係する連邦政府機関を管理するマネジメント機能の評価を行った。これらの調査は関係連邦政府機関及び補助金受領者・請負人・委託機関の現地事務所で行われた。他方,統計・経済分析では,目的の達成に関する現地調査の地理的範囲を広げることを目的とした分析と,反貧困プログラムの評価機能に関する様々な観点からの分析が行われた。
　反貧困プログラムに関係する連邦政府機関を管理する機能についての評

---

(9) GAO (1993), GAO/OCG-1-OH, p. 55
(10) 具体的には, Job Corps; Community Action; Neighborhood Youth Corps; Work Experience and Training; Concentrated Employment; Volunteers in Service to America programs; the Economic Opportunity Loan program; the Rural Loan program; Migrant and Seasonal Farm workers program など (GAO (1969), p. 69)。
(11) GAO (1969), p. 68.
(12) GAO (1969), p. 69.

価は，それら機関の本部とその現地事務所とその内部機関，関係機関間の調整，採用と職員育成，そして，これらの機関による過去と現在の評価活動を対象としている。

なお，経済機会法の下で認定されたプログラムを主に調査しているが，比較を目的として，他の法律の下で認定された同種のプログラムに関するデータも取得している[13]。また，評価活動に際しGAOは3企業と契約するとともに，他にも特定の専門分野における個人コンサルタントの支援を受けた[14]。

GAOは14ヶ月をかけてこれらの評価を終え[15]，全ての評価結果と勧告を1969年3月18日に議会に提出した[16]。その他補足の報告書も同年度に議会に提出されている。これらプログラム評価の取り組みは，GAO職員の評価技術と能力を試すものとなった[17]。

プログラム評価を受け入れた時のGAOの感想は，次のようなものであった。経済機会法の修正はGAOに帰属している調査権限に新たな権限を追加するものではないが，調査の範囲（scope）を従来の監査から拡大している。この修正が新しい点は，この，経済機会法に照らし合わせてプログラムの目的が達成されたかを判断（judgment）することをGAOに義務付けた点にある[18]。そして，使用したドルや具体的基準（例：道路の整備距離など）の観点では測定できない業績を評価する必要性に議会は繰り返し直面していたことから，GAOは効果を測定する新たな基準を開発し，議会の需要にかなうための努力が重要であると考えた[19]。

この反貧困プログラムの評価は，大きく長期的なインパクトをGAOに与えることになった。当時を知るGAO職員エシュヴェーゲは，このプロ

---

(13)　GAO (1969), p. 69.
(14)　GAO (1969), p. 70.
(15)　GAO (1969), p. 69.
(16)　評価結果と勧告の概要は，GAO (1969), pp. 70-82 参照。
(17)　Sperry, et al.(1981), pp. 30-31.
(18)　Rourke (1978), p. 455.
(19)　GAO (1969), pp. 68-69; Sperry, et al. (1981), pp. 30-31.

グラム評価活動が GAO に与えたインパクトについて，次のようにインタビューに答えている[20]。

　……まず初めに GAO 職員は，スターツ院長が残りの在職期間でさらに取り組みたいと希望していることをすでに実行していた。彼は当時，向こう12年間の在職期間を残しており，その時以来，この種の仕事が GAO 内部でより短時間のうちにさらに容易に受け入れられていくように思えた。GAO は評価を行うことにさらに自信を持つようになると同時に，会計士以外の職員を増やす必要性を認識するようになった。私たちは，業務の中でコンサルタントの使い方を学び，また，従来よりも迅速にレポートを完成できることを知った。……

特に，この反貧困プログラムの評価は，複雑な任務を引き受ける能力があるということを GAO 職員に示したという意味において，GAO にとって転機となった[21]。また，この初のプログラム評価で GAO は，公式には，議員からの好意的評価を受けることになる。ただし，議員の中には，政治的判断，および保健や教育などの多様な分野の専門的知識を含む業務に GAO が関与すべきか否かについて，疑問の声を上げる者もいた[22]。だが概して，GAO が作成した反貧困プログラムの評価レポートを議会は好意的に受け止め[23]，議会は，1970年立法府改革法（the Legislative Reorganization Act

---

(20) GAO (1993), GAO/OCG-1-OH, p. 74.
(21) GAO (1993), GAO/OCG-1-OH, p. 49.
(22) Trask (1991), GAO/OP-3-HP, p. 63.
(23) Sperry, et al.(1981), pp. 30-31. 上院労働・厚生委員会のレポートには，「価値ある GAO 監査であった」と評価。また，プラウティ上院議員は，GAO が立派な仕事をしたことに謝意を示した。同上院議員の発言は1969年5月13日の議会議事録に次のように残されている。「これは OEO に関する，また教育・職業訓練プログラム（job corps program）に関する最も事実に基づいた徹底した調査である。私は覚えているのだが，1967年の反貧困プログラムに関する公聴会で，労働・厚生委員会の一員であった私たちの多くはこれらのプログラムの多くの活動と管理についての詳細と事実を確かめ

of 1970）および1974年議会予算及び執行留保統制法（the Congressional Budget and Impoundment Control Act of 1974）の制定によって，GAOの本格的なプログラム評価への移行を是認する[24]。

このように議会はその後もGAOの活動を通じて，GAOが評価能力を持つことや，提出する情報が客観的で正確であることを認めていくことになる[25]。その一方で，行政機関がバイアスのある情報を提供することがあることを知ることになり，議会は，GAOに対する評価実施の要請数を増やしていく。例えば，議会の要請に基づく報告がGAOの全報告に占める割合は，1969年には10％以下だったが，1977年に35％となり，1988年以降は80％を越えるようになっていった[26]。当時，上院議員であったウィリアム・プロクシマイア（William Proxmire）（1957－1989年[27]）は防衛分野の活動について，次のようにコメントしている。

　私たちは他の防衛問題に関する調査をGAOに依頼した。そして私は，どんな調査においてもGAOの仕事が客観的で正確であることに気づいた。……GAOがなければ，私たちは信頼できる情報源または事実に基づく情報を持つことはないだろう[28]。
　（GAO以外に[29]）それまで他の情報源は，……国防総省（DOD）自身しかなかった。国防総省はいつも自らの失敗を正当化しようとする。

ることができないことに失望していた。概して，私たちの前に参考人として現れる人々は，『もっと資金を与えてくれたら，もっとよい仕事をします』と発言していた。」

(24) GAO History (Website) *Elmer B. Staats: Broadening GAO's work, 1966-1981.*
(25) GAO (1993), GAO/OCG-1-OH, p. 75.
(26) Havens (1990), GAO/OP-2-HP, p. 14.
(27) プロクシマイア上院議員は民主党議員であり，歳出委員会の委員や銀行・住宅・都市問題委員会の委員長などを務めた（GAO (1990c), GAO-OP-16-OH, p. v）。
(28) GAO (1990c), GAO-OP-16-OH, pp. 1-3.
(29) 括弧内は筆者補足。

国防総省は多くのロビイングを受けやすい。他の議員は，彼/女らのスタッフも含めて，彼/女らが代表する州に偏りがちである。そして彼/女らは防衛関連の調達契約を守ろうとしたがる。……行政機関はバイアスを持つことが多い[30]。

これらのコメントは，GAOが独立した機関としていかなる利害関係からも自由であり，提供する情報にバイアスがない，という議会の信頼感を示している[31]。

議会からの評価の要請増加は，プログラム評価に必要な知識と職員を獲得する努力をGAOに促すなど，GAOが評価活動を目的とした組織へと変質していくことにつながることになる。プログラム評価の実施には，従来のGAOが使用しなかった新たな技術と学問的アプローチの迅速な開発を必要とした[32]。職員の専門分野の割合は，それまで会計学がほとんどを占めていたが，それ以外の分野も1968年以降増加し，1980年頃には職員のおよそ半分程度が会計学以外の出身者で占められるようになった[33]。さらに，1974年法の要請に応えGAOは，1980年にプログラム評価のための研究所としてプログラム評価・方法論課（PEMD: the Program Evaluation and Methodology Division）を設立し，プログラム評価手法の開発と普及を担わせた

---

(30) GAO (1990c), GAO-OP-16-OH, pp. 3-4.
(31) プロクシマイア上院議員による類似発言は，GAO (1990c), GAO-OP-16-OH, p. 3 参照。また，同じ考えは，会計検査院長代理フランク・H・ウェルツェルの言葉にも表れている。「1965年8月5日，国会の組織に関する合同委員会公聴会に出頭した会計検査院長代理フランク・H・ウェルツェルは，会計検査院の国会に対する地位及びその職務について次のように述べている。

『……国会は会計検査院を立法府の中においた。何となれば，国会は財政に関するその憲法上の権限を遂行するに当たって独立の，非政治的な信頼できる機関を欲したからである。したがって，われわれの主要なる任務の一つは，国会に，各議院の委員会に，そして国会議員に，援助を与えることなのである。……』」（中村泰男（1971），pp. 7-55.）
(32) Trask (1996), p. 537.
(33) Sperry, et al. (1981), p. 174.

34。

議会の新しいニーズに応えるための GAO の組織改編は，さらにプログラム評価活動の質を高め，議会から GAO への調査要請数を増やすことになった。このことは当時，GAO の業務内容の変化と，GAO と議会の相互の接近を促していったことを現している。

(ii) ベトナム戦争（1959—73年）/
ウォーターゲート事件（1972—75年）

ベトナム戦争は1960年代のアメリカを動揺させる政策の１つであった。反共産主義政策の一環としてアメリカはベトナムへの軍事介入を始め，拡大していった。ベトナム戦争は第二次世界大戦でも変えることのなかったアメリカ的価値観である，民主主義やアメリカ的生活様式への信念を揺さぶるきっかけになったと言われる。この点において，史上最も国内への影響力の大きい戦争であるという[35]。1960年代後半以降になると，戦争を批判する声が国民の間に広がっていった[36]。この大きな影響力は，政治制度にも向かっていくことになる。ベトナム戦争は，次に説明するウォーターゲート事件と合わせ

---

(34) その16年後の1996年6月24日に PEMD は終了した（Grasso (1996), p. 115.）。PEMD 初代課長はエレノア・チェリンスキーであった。彼女は1994年の退職まで課長職を務め，また，アメリカ評価学会（AEA）の会長職を2度務めるなど政府内外で評価の普及に貢献した（Grasso (1996), p. 115）。PEMD は次のようないくつかの特徴があり，このことが評価活動の質の向上に寄与したという。Grasso (1996), p. 116 によれば，第一に，技術支援のみならず，実際の評価実例をつくることで評価の影響力を強めようとしたこと，第二に，農業から防衛まであらゆる政策領域を対象とし，かつ極秘情報を含むあらゆる情報の入手権限を GAO に所属する課として認められていたこと，第三に，（準）実験手法や時系列分析や新手法の開発など，さまざまな評価手法を使う能力を持っていたことが説明されている。これらのことは，PEMD に所属する職員の多くがアメリカ主要大学の博士号（社会科学，物理学，数学，化学など）を取得しており，また，大学での評価研修を受けていたことによって支えられていた。なお，PEMD の活動についてはエレノア・チェリンスキーのオーラル・ヒストリー（The Oral History Project Team (2009)）も参考になる。

(35) 有賀（2002），p. 78.
(36) 有賀（2002），p. 81.

て，行政府とその活動を監視するはずの立法府など，政治制度に対する国民の不信を増大させる契機となった。

ウォーターゲート事件は，1970年代初めにおいてアメリカ国民最大の関心事となった大統領の不祥事であった。これは，大統領が任期中に辞任するという史上唯一の失態をもたらした。1972年6月，再選を狙うニクソンが共和党から大統領候補の指名を受ける2ヶ月前に，5人の男が首都ワシントンの高級アパート「ウォーターゲート」にある民主党本部に侵入，逮捕された。彼らは共和党に雇われ，盗聴器を仕掛けていた。この5人の逮捕は大規模な政治犯罪事件に発展し，74年までに起訴された者は24人にもなった。ニクソン大統領や彼の補佐官たちは，アメリカ連邦捜査局（FBI）やアメリカ中央情報局（CIA）を非合法的に利用するなどして，反対派の動向を探っていた[37]。

ニクソン大統領はこの事件への対応にも不誠実であった。上院の調査委員会が開かれると，事件の隠蔽工作を行い，また，議会の委員会が命じた資料の提出を拒否し，議会の権限を踏みにじった。こうした不当な大統領を排除できないかに見えた合衆国憲法の有効性について，多くの人々の間で議論が起こる。結局はニクソン大統領が辞任することで憲法制度がうまく機能していると，アメリカ国民の中には考える者もいた。しかし，この事件は政治家ないし政治一般に対する国民の不信を広げ，世論調査によれば多くの人々が，ニクソンのしたことは悪いがその他の大統領も悪いことをしており，ただ気づかれなかっただけだと考えるようになっていた[38]。

このようにして，ベトナム戦争とウォーターゲート事件は，アメリカ政治制度への国民の不信を強めていった。1950年代後期と60年代初期は約75％のアメリカ国民が連邦政府[39]を信頼していた。だが，その後1964年から68年の間に，その数値が15％減少した。この期間はジョンソン政権期であり，人種間の激しい混乱やベトナム戦争をめぐる大騒動が起きた頃であった。そして，1972年から74年の間に，ウォーターゲート事件が発生し，

---

(37) 有賀（2002），pp. 116-118.
(38) 有賀（2002），p. 119.
(39) The government in Washington

ニクソン辞任後大統領職を引継いだジェラルド・フォードがニクソンに恩赦を与えるなどにより，国民の信頼はさらに17%減少した。1970年代を通じて国民による連邦政府への信頼感は持続的に減少していった[40]。

また，国民は議会に対しても，行政府を監視する機能が働いていないのではないかと疑いを深めた。下院議員を25年間（1975当時）務めたリチャード・ボリング（Richard Bolling）は，ウォーターゲート事件にショックを受けた国民が，行政府に対抗すべき議会がその事件のみならずかなり長い間にわたって機能していなかったことや，また，国民が抱える問題にタイミング良く対応してこなかったと認識するようになったことで，議会にゆゆしいほどの不信を抱くようになっていったと説明している[41]。

こうした国民による行政府や議会機能への不満が増す一方で，議会は，行政権が濫用されているという認識から，行政府への不信感を強めた[42]。またこれに加えて，行政府の優越・立法府の衰退という状況[43]や，議会の行政監視機能があまり効果的に働いていないことがウォーターゲート事件をきっかけに暴露されていった[44]ことによって，議会改革が後押しされていく。具体的には，行政府の優越は，議会が行政府に情報を依存している

---

(40) Orren (1997), pp. 80-81, Figure 3-1: Declining trust in government.
(41) "Can the Congress Reform Itself?" In GAO (1975), pp. 7-9.
(42) 議会と行政府の間の信頼関係は，ウォーターゲート事件の頃にはほぼ完全に崩壊し，議会は行政府に依存している状況を耐えがたいものと感じるようになり，独自の情報源の拡大を進めていった（Sperry et al. (1981), pp. 6-7）。
(43) 「ウォーターゲート事件前のニクソン政権下においては，大統領の側に大きく傾き，議会は無力とさえ言われる時期があった。1970年の立法府改革法制定を契機に努力を重ねた結果，現在の地位を再び獲得することができたのである」（田村，1990, p. 64）。「ジョンソン政権期に，大統領スタッフ補佐官は行政府と立法府を"分離はすれども不平等（separate but unequal)"と表現した。そして議会は明らかに"平等以下（less than equal)"の存在であった。その後の立法やほかの活動の多くは，この不均衡を是正し，議会の効果的影響力を拡大するための努力となった」（Mosher (1979), p. 260）。
(44) Mosher (1979), p. 170.

ことに起因していると考え，議会の情報力向上のために独立した情報源の獲得を目指すことになる。1960年代半ば頃までの議会は，行政府からの情報に対抗できるだけの情報網や情報源を持ち合わせていなかった[45]。また議会は，よりよい行政監視のために，執行効率性の観点のみならず議会の意図に照らし合わせて測定された結果という観点からも，プログラムの効果に対して関心を高めた[46]。こうして議会は，1970年立法府改革法を制定する。この法は GAO に，従来の監査概念を拡大したプログラム評価の実施を義務付けるものであった[47]。

さらに1974年には，ニクソン政権に対して議会は，自らの特権を行政権によって脅かされるという恐れを感じたためにその権限を守ることを重要事項として[48]，1974年に議会予算及び執行留保統制法[49]を制定する。この1974年法は，プログラム評価に関する方法の開発や，外部専門家の雇用権限の付与など GAO の義務と権限を拡大した。これは，プログラム評価をよりよい行政統制の試みであるとして関心を強めていったことを表している。議会は，GAO による評価の観点について，議会が予算配分したプログラムの効果についての経営効率性のみならず，議会の意図した結果をもたらしたかどうかという観点を含むことを期待していた[50]。

以上見てきたように，2つの歴史的事件をきっかけとして議会は，行政府をより近くから監視し，国家の意思決定過程への参加を強化しようとした。この議会の意向に沿うために GAO は，プログラム評価へと業務を拡大する必要があった[51]。しかし GAO は，プログラムの業績を測定する能力がそれまで乏しかったため，スターツ院長は多様な専門分野からの分析者，例えば，経済学・法律・工学・社会科学からなどの分析者を雇用し，プロ

---

(45) Sperry et al. (1981), pp. 6-7.
(46) Mosher (1979), p. 170.
(47) 田村（1990），p. 66；Rourke (1978), p. 455.
(48) Rozell (1985), p. 271.
(49) 議会が承認した予算を大統領が執行しないことがあったため，それを禁じた法律（久保（2002），p. 63）。
(50) Mosher (1979), p. 170.
(51) Common Cause (1980), p. 2.

グラム結果の評価を目的に，連邦プログラムの実施過程の分析を越えた分析を行うことで，議会からの要望に応えようとした[52]。

ほかにも議会は，現状で生じている重要な問題のいくつかにどのように対処すべきか GAO に助言を求めるようになった。その要請に対して GAO は，現状把握のみならず，将来の予測や，いくつかの解決策の提案など，さまざまなレベルで回答した[53]。また，議会は GAO にレポート提出のタイミングに配慮するよう求めた[54]。それはおそらく，先のとおり，適切なタイミングで国民が抱える問題に対処する必要に議会が迫られていたためであろう。

以上の説明から次のことが分かる。ベトナム戦争やウォーターゲート事件は，行政府に対する国民の不信感を高めた。また国民は，行政府を監視する立場にある議会の機能への疑いも深めた。この国民の疑いは，議会が行政府への不信感を高めていったことと相俟って，議会の改革を後押ししていくことになる。そして，議会改革は，GAO などの議会を補佐する機能の拡大増強を促し，そうした議会の意向を受けるように GAO は，自ら必要と考える組織改革を進めていくのである。

(iii) **議会改革**　議会改革は，91頁で説明したベトナム戦争やウォーターゲート事件などの外部からの影響にのみ起因するものではない[55]。ほかに，議会内部の保守派（南部民主党員）とリベラル派議員との間で主導権をめぐる攻防があった[56]。保守派議員は，1970年頃まで続いた委員長の先任者着任制[57]と委員会中心の政治を担い[58]，委員長の地

---

(52) Common Cause (1980), p. 2.
(53) Havens (1990), GAO/OP-2-HP, p. 9.
(54) U.S. Senate, Commission on the Operation of the Senate (1976); U.S. House of Representatives, Select Committee on Congressional Operations (1978).
(55) Mann and Ornstein (2006), p. 59.
(56) 但し立法府では，リベラル派が急増する防衛費用への懸念を，また，保守派が社会福祉システム拡大を維持する費用増大への懸念を抱くことによって，両者ともにプログラム評価への関心が示されていくことになった（Rourke (1978), p. 455）。

位についていた。業界団体や利益団体などの利害関係者が自らに有利な議決を得るために，委員長などに働きかけることが日常化しており，癒着や腐敗の発生を招いていた。そのため，民主的な運営や議会過程の透明性の確保などの改革が求められていた[59]。一方，1962－64年に最高裁判所は，連邦議会・州議会に選挙区の再区割り[60]を要求する。この再区割りは，委員会中心の政治に馴染みのないリベラルな思考を持つ議員の割合を増加させ，1970年代後半から80年代には長老の保守派南部委員長の多くをその座から退けるまでになった。

この新旧議員の交代の流れが，議会改革を促していくことになる[61]。そこでは，リベラル派の新議員が増加したにもかかわらず，既存の先任者着任制を特徴とする委員会中心政治が，今や少数派となった保守派委員長の権限を強くしたままであった。そのことが，多数派リベラルの政策実現を阻んでいるとして不満が高まっていった。リベラル派議員たちは，議会の強化，効率化，そして透明性と信頼性の確保を目指していた[62]。

以上の説明から，議会改革は，ベトナム戦争・ウォーターゲート事件以外の理由を持つことが分かる。そのため，前節で因果関係の中間項目として扱った議会改革とは別に，改めて本節では議会改革を1つの主たる政治的要因として取り上げ，仮説の検証を行う。

議会改革の焦点は，先任者着任制を持つ委員会中心の政治にあった。こ

---

(57) Seniority system: 当選回数の多い議員が自動的に委員長に就任する制度。
(58) Zelizer (2004), p. 5.
(59) 森脇（2006），pp. 145－146.
(60) Zelizer (2004), p. 63.
(61) 1970年代において行われた各種下院改革は，1960年代における若年の先任序列の低い議員を多数メンバーとしていた民主党研究グループ（DSG）が牽引役となった。DSG（リベラル派民主党議員集団）は，「民主党の保守的な委員長が共和党保守派と結託して，民主党内の多数派を占めるようになっていたリベラル派の望む法案の通過を阻んできた現状を，改革すべく結成された」（廣瀬，（2004），p. 130）。
(62) Zelizer (2004), p. 6.

の先任者着任制は，委員長の選出方法としてそれまで約半世紀続くものであったが廃止され，多数党議員による選挙での選出に変わった。また，小委員会が多数設置され，議員年数の少ない議員が小委員長になることが容易になり，権限が多くの議員に分散されるようになった[63]。1970年代前半に始まったこうした両院内権力の分散化は，意思決定の中心を小委員会レベルに移していく。これによって，小委員会の専門性の程度が非常に向上し[64]，多くの議員の政策関心も以前よりさらに専門的になっていった[65]。こうした変化が，政策分析[66]に耳を傾ける潜在的聴衆を議会内に増やしていく[67]とともに，評価などの情報や，高度に技術的な政策事項に関するアドバイスへの需要を高めた。これらのことが，議会スタッフと議会を支援する機関の利用を拡大する理由となった[68]。

また，小委員会数の急増[69]によって，拡大する議会自身のアカウンタビリティが必要になってくるとともに，小委員会は自らの活動の貢献度を高めようとした。この様子は，次のチャールズ・E・エッカート（1950-1966年在職。立法府連絡室（OLL）に所属するなど，議会との調整役を担当）のインタビューに現れている。

> あなた（1973年に初代議会連携室（OCR）長となったスミス・ブレア（Smith Blair）のこと[70]）は，さらに多くの小委員会を相手にしてい

(63) 阿部・久保 (1997), pp. 47-48.
(64) Beckman (1977), pp. 242-243.
(65) Sperry et al. (1981), p. 267.
(66) Beckman (1977) は，政策分析を，GAOのプログラム評価，技術評価局（OTA: the Office of Technology Assessment）の技術審査，議会予算局（CBO: Congressional Budget Office）の経済政策，議会調査局（CRS: the Congressional Research Service)のプログラム開発一般を含む概念として使っている。
(67) Beckman (1977), pp. 242-243.
(68) Sperry et al. (1981), p. 267.
(69) 上下院の小委員会総数は1950年に125であった。それが，1975年に271にまで激増した。<http://www.rules.house.gov/archives/jcoc2d.htm>（アクセス日：2007年7月27日）

る。私には信じることができない程,議会は建物やスタッフの面で大変大きく成長した。議会の運営に実際どれほどの費用がかかっているか,そしてどんな機能をこれらの小委員会が担っているのかを国民は十分に知る必要があると,私は心から感じている。それぞれの小委員会はなんらかの貢献をして世に知られたがる。小委員会のスタッフは次々に,GAO に支援を求めた[71]。

さらに,第95議会(1977-79年)の時までには,半数以上が1972年またはそれ以降に選出された議員となっていた。この両院における新議員の増加は,彼/女らが既存の政策やプログラムに対しもつ既得利益が少ないため,革新的な代替案を前向きに考慮するといったような政策分析が受け入れられやすい土壌をつくることになった[72]。また,先任者の権威の衰えによって,他に新議員の行動を基礎付けるものが必要になった。それが情報でありそのうちの1つが政策分析であったという[73]。さらに積極的な理由として,新議員が若く,相対的に高学歴であったことから,自らの個人的な名声を高めるのにも意欲的であったために,独自の新たな政治的課題を提起しようと新しい問題意識や政策的アイディアを発掘することに熱心であり,それをスタッフにも要求していた。そのためスタッフは利益団体やロビイスト,あるいは連邦政府内外の専門家と広く接触するようになり,そうした専門家集団の1つとしてGAOがあったことを挙げることもできる[74]。これらの事情によって,GAO のプログラム評価が受け入れられ,求

---

(70) 括弧内は筆者補足。
(71) GAO (1990b), GAO/OP-14-OH, p. 18.
(72) Beckman (1977), pp. 242-243.
(73) Weiss (1989), p. 418.
(74) Hecro (1978), p. 100. 五十嵐 (1992), pp. 59, 84.「……ヴェトナム戦争やウォーターゲイト事件を経て,70年代前半には行政府に対抗して,連邦議会に立法上の主導権を取り戻そうとする傾向が生じた。こうした傾向は,特にこの時期に初めて当選した新しいタイプの民主党の議員によって倍加された。つまり,彼らは総じて世代的には若く,学歴も従来の議員に比べて相対的に高かったことから,行政府ばかりでなく立法府の先任者優

められていったと考えることができる。

このような変化は，議会が行政府の専門性への依存に嫌気が差し，また，政策決定に影響を与えることを目的とするグループの数が増大していた時期に起きている。議会の関心を引こうとするグループ間の競争は激しさを増し，議会に対する主張はますます洗練さを高めていった。このことが結局，議会がまさに直面している競合する主張や計画を比較考量したり評価したりするための自らの能力を向上させる必要性を，議会に迫っていくことになる[75]。

以上のように，1970年代前半頃の議会改革によって，委員会から小委員会への権力の分散化が起こった。このことが，小委員会の意思決定過程における影響力を高め，専門的議論を活発化させることになる。また，先任者着任制の廃止により，議員年数の少ない議員が小委員会委員長に選任されることが増え，既存のプログラムに対する既得利益の少ない彼/女らは代替案を評価し政策決定することを受け入れた。また，独自の新たな政治的課題を提起することにも熱心であり，そのための情報を広く専門家集団に求めるようになっていった。さらに，多様なグループによる議会への働きかけが政策間競争を生み出し，議会は独自の判断能力を向上させる必要があった。議会改革による議会内の民主化に伴うこうした変化が，GAOのような専門的情報を提供する機関への支援の依頼を増やすことになる。それは，議会スタッフや支援機関の数の増加という制度的変化を伴った[76]。

　　先制の伝統にも挑戦して，自らの個人的な名声を高めるのに意欲的だったのである。……こうした議員は自ら行なうだけでなく，独自な政治的課題を提起するために新しい問題認識や政策的アイディアを，個人スタッフに積極的に発掘させようとする。この種の指示を受けて活動するスタッフは，ちょうど本節の三でみた政策事業家が政策案を作成する側から果たす役割を，政治的課題を設定する側から演じるものであり，同じように『事業家(entrepreneur)』型のスタッフと称されている。事業家型のスタッフは，その目的のために利益団体やロビイスト，あるいは連邦政府内外の専門家と広く接触している」(五十嵐 (1992)，p. 59)。

(75) Beckman (1977), pp. 242-243.
(76) Figure 1-1: Growth in Legislative Branch Support Staff, 1967-1977, Sper-

一方，GAOは議会連携室（OCR）をつくり，議会との関係を強化しようとしていた。その後，議会からの評価の要請が増え，緊密化する議会との関係に対応が必要となっていった。その要請の拡大のペースはGAOの予想を上回るものであり，1973年頃には，要請をはね除けなければならないほどであった[77]。

(iv) ホリフィールド委員会
（Holifield Committee）（1965－66年）

ある組織の機能が変化した理由を探るアプローチには，新しい機能を導入又は拡大した理由という視点のみならず，従来からの機能を縮小又は廃止した理由という視点もある。1965年開催のホリフィールド委員会は，従来からのGAOの監査業務（the audit function）を縮小させ，結果的にプログラムの効果を調査する業務に焦点を向けることになった出来事であった[78]。この出来事の後，GAOの監査業務は各行政機関内で行われることになる。

ホリフィールド委員会とは，共和党チェト・ホリフィールド（Chet Holifield）議員を委員長とする，下院政府活動委員会軍事活動小委員会[79]のことである。当時，議会において特に問題となっていた軍需契約企業の過大見積りと超過利潤に関する情報提供を，議会はGAOに要請していた[80]。この問題への対応のため，国防総省と軍需産業の抵抗を排して生まれたのが，「1962年調達価格真正法[81]」である。実際，GAOが直接議会に提出し

---

　　ry, et al. (1981), p. 9.
(77)　GAO (1990b), GAO/OP-14-OH, p. 18.
(78)　Trask (1991), OP-3-HP, p. 61によれば，ホリフィールド公聴会（the Holifield hearings）によって，GAOは契約監査を減少させ，プログラムの調査（例えば，主要兵器プロジェクトの評価）を増やすといった影響を受けた。
(79)　The Military Operations Subcommittee of the House Committee on Government Operations.
(80)　Mosher (1979), p. 152; 渡瀬（2005），p. 43.
(81)　Truth-in-Negotiations Act of 1962. なお，Staats (1968), p. 462によれば，GAOは下院軍部委員会（the House Armed Services Committee）と国防総省（DOD）と共同で，この法案を作成した。

た国防契約に関するレポートの数は急増し，1963年度に36本，1964年度に48本，1965年度に57本となっている[82]。このように同法に基づき議会の要請にGAOが応えようと努めるほど，国防総省や原子力委員会などの政府組織群のみならず，ロッキードやボーイングといった企業群を敵に回すことになった[83]。

こうした状況をホリフィールド委員長は問題視し，1965年開催の公聴会では，軍需契約に対するGAOの調査・監査の妥当性をテーマにした。具体的には，ウェスティングハウス・エレクトリック社（Westinghouse Electric Company）と海軍の契約について，GAOの勧告に従い海軍がこの企業に対して400万ドル以上の支払い延長をしている事例について取り上げ，その延長の原因としてGAOの監査手続きなどについて質問をしたのが始まりであった。結果，GAOは，それまで国防契約の監査で行ってきたような，個々の契約に関する管理上の弱点や浪費行為に関する監査から退き，監査対象を広げることに力点を置くようになる[84]。この審議中，キャンベル院長は健康上の問題を理由に自ら院長職を辞任する[85]。そして後任にスターツが就任することになる。

この事件がGAO側にどのように受け止められたのかについて，その印象を当時GAO職員であったチャールズ・E・ウルフ（Charles E. Wolfe）[86]

---

(82) Trask (1991), p. 51.
(83) Mosher (1979), pp. 152-155; 渡瀬 (2005), p. 43.
(84) Trask (1991), p. 54. こうしたGAO業務の変更については，ホリフィールド公聴会(the Holifield hearings)での事件を原因とする意見もあれば，そうではなく，1962年調達価格真正法が長期的に影響を与えていたという意見もある。また，同法とDCAA（国防契約監査庁）の設立がホリフィールド公聴会以上に変化の決定に影響を与えたとする，スターツの意見もある（Trask (1991), p. 54)。
(85) Mosher (1979), p. 156. 辞任についての詳しい説明は，Trask (1991), p. 52.
(86) ウルフは，勤続年数53年（1935－1988年）という他の職員と比較しても長期にわたりGAOで仕事をした。彼は，1956年から1988年まで地域事務所のシステム管理を担当していた（GAO (1988b), GAO/OP-8-OH, pp. iii-iv)。

が次のようにインタビューに答えている[87]。

　私の印象は，防衛関連契約者による多大な圧力があるということであった。彼らは GAO が本当に行き過ぎで，彼らばかりに当たっていると考えていた。彼らは，私たちにもう少し態度を軟化して，ひたすら防衛関連の契約に集中するという姿勢を変えることを望んでいた。……そして，事実，GAO が防衛分野から徐々に退去したことをきっかけに，他の行政機関が自らの会計監査能力を高めるようになっていった，と私は思う。例えば，国防総省に DCAA[88]（国防契約監査庁）ができたように。

　また，この委員会での出来事が，GAO の業務内容の変更に大きな影響を与えていることが，同じくウルフのインタビューに現れている[89]。質問者は GAO の主席歴史記録官（Chief Historian）のトラスクが務めている。

　ウルフ：1960年代に GAO が監査活動における役割を縮小したという変遷は，主にホリフィールド委員会から生じたものであったと思う。GAO 側から促したものではない。私は，スターツ院長の時期にも引き続きこの変遷が進展したのは，外部のだれからというものではなく，スターツ氏自身のイニシアティブによるものであると考えている。
　トラスク：どんな変化についてあなたは言っているのか？
　ウルフ：監査（auditing）への強調を弱め，評価（review）に重きを置くようになっていった。評価（review）とはつまり，内部監査機能の検討（reviews of internal audit function）とほかの政府業務の検討（review of other government operations）に加えた，プログラムの結果の検討（program results reviews），効果の検討（effec-

---

(87) GAO (1988b), GAO/OP-8-OH, pp. 29-30.
(88) Defense Contract Audit Agency.
(89) GAO (1988b), GAO/OP-8-OH, p. 29.

tiveness reviews), プログラム効果の検討 (program effectiveness reviews), である。それは, GAO による, 監査業務への直接的参加 (direct participation) から, ある種の全体を見渡す役割 (overview) への移行であった。また, 監査機能が行政機関に移ることでもあった。だから, ホリフィールド委員会は1960年代のこうした動きを推進する要因であったのに対して, スターツ氏はそれを維持する力を確かにする要因であった。

　ホリフィールド公聴会は, GAO による行政機関の会計監査機能が行政機関内部に移行する動きを, 推進することになった。また, 代わりに GAO は, 行政機関の活動全体を見渡す役割として, プログラムの効果を検討する機能を強化していくことになる[90]。この動きは, ホリフィールド委員会の審議中に起こったスターツ院長への交代によって, 進展していった。

　但し, このホリフィールド公聴会という政治的要因は GAO の機能の変化に影響したが, 議会の役割に対しては特に影響していない。また, ホリフィールド公聴会以前から見られる, 議会から GAO への調査依頼件数の増加という両者の関係にも影響があるとは言いがたい。こうした点よりも, この事件の意義は, 結果的に, 個々の契約の会計検査からプログラムの効果の評価に GAO の機能を振り向けていく動きを後押ししたことにある。その後 GAO と議会は, プログラム評価の実施に向けた取組みを進めていくことになる。

(v) サンライズ法 (1977年ー), サンセット法 (1976年ー) の制定

法律の多くは政治的妥協の産物であり, 何が達成すべき目的なのかについて曖昧なことが多い。だが, 特に1970年代後半になると, 議員の多くは, 委員会はそれぞれの所掌範囲内のプログラムをもっときちんと監督する必要があることに自覚的になっていった。上下両院の議員がサンライズ法とサンセット法の制定を行うと, プログラムに関する報告内容が向上していった。なぜなら, サンラ

---

(90) GAO (1993), GAO/OCG-1-OH, pp. 53-54.

イズ法は、予算配分の決定前に、新規プログラムの目的や報告必要事項について明らかにすることを求めるからである。また、サンセット法は、追加予算の決定前に、既存のプログラムの定期的な再検討を要求するためである[91]。

GAO が、このプログラム目的の明確化という、評価の実施に不可欠な要素について尽力したことは、スターツ院長のインタビュー[92]に触れられている。

> GAOの主要問題は、プログラムの目的が何であるかを決定することに常にあった、と私は思う。ほとんどの法律は妥協の産物であった。何を達成したいのかを特定しないままに、立法できてしまうこともある。それが立法における1つの政治的現実である。だから、GAOが尋ねることになる。議会は何を本当に達成したいのですか、と。それであなたは何をするのですか、と。そしてあなたは議場での議論に立ち返ったり、委員会報告書に戻ったり、法律そのものに戻ったり、歳出委員会の公聴記録に戻ったりすることで、最終的にすべてを整理しなければならない。

また他に、GAO は、政府全体の評価能力を高めるために、議会と連邦政府に評価技術を使う必要性を強調した。つまり、(1)行政機関はプログラムのデータの収集と分析に一義的責任があるという認識を持たなくてはならず、また、(2)議会はプログラムの目的、および、できる限り評価基準をも明らかにすべきであることを強調した。そして、GAO 職員の役割は、委員会スタッフと一緒に働き、より明確なプログラム目的と評価項目の設定を義務付ける法律の成立にあるとして、議会に協力をした[93]。

上のサンライズ法およびサンセット法の成立に顕著に現れているように、議会はプログラムの明確な目的の設定と定期的な検査の実施が必要になっ

---

(91) Sperry, et al. (1981), p. 38.
(92) GAO (1993), GAO/OCG-1-OH, p. 41.
(93) Sperry, et al. (1981), p. 38.

た。その実現に向けた議会の協力要請に GAO は応えた。

(vi) GAO 機能の変革とその利用に対する，議会の積極的対応

上の5つの要因（(i)～(v)）を政治・社会的要因として扱うのに比べ，この「GAO 機能の変革とその利用に対する，議会の積極的対応」という事項は，むしろそれ自身が，議会と GAO がもつそれぞれの役割と両者の関係についての議会の考えを表すものであり，GAO の機能変革と両組織の関係の密接化について，議会が思考枠組を示すものとなった。

「GAO 機能の変革とその利用に対する，議会の積極的対応」とは，具体的には，(a)法的措置と，(b) 報告書による提案という2つの対応を指している。前者の法的措置とは，1970年法・1974年法・1980年法という一連の法律のことである。後者の報告書とは，1976年の上院報告書『議会補佐機関 (*Congressional Support Agencies: A Compilation of Papers*)』，および1978年の下院報告書『会計検査院による議会支援活動 (*General Accounting Office Services to Congress: An Assessment*)』である。

以下，議会によるこれら2つの対応が，どのような枠組みをつくることになったのかについて説明していく。

(a)法的措置

「Ⅱ.1.4. 法的根拠」（31頁以下）で紹介したように，GAO の機能変化と統治機構上の位置づけは，常に法的根拠による支えを得てきた。

まず機能変化について見ていくと，1921年法によって，財務省の機能のうち監査・会計・請求の機能を GAO は譲り受けて発足した。1970年法[94]と1974年法は，GAO によるプログラム評価の役割を拡大し，その活動の中心

---

(94) Mosher (1979), pp. 188-189 によれば，「1970年法の条項の多くは，新しい力を GAO に与えてはいない。なぜなら，それらの条項で示されている権限は，少なくとも暗に，1921年法ですでに示されているからである。しかし，1970年法は議会の意向である，GAO 活用の拡大を再度強調した。特に，プログラム分析と評価の分野において GAO の利用拡大を強調することになった」という。

となる素地をつくった[95]。前者の1970年法は，いわゆる財務運営の監査ではなく，政府プログラムの評価という法的義務をGAOに与えた[96]。後者の1974年法は，プログラム評価室を新設する権限を院長に与えた。さらに1980年には，GAOが連邦機関の記録を入手するために裁判所を利用する権限と，民間契約者に召喚状を出す権限を与えた[97]。これによって，GAOの調査能力の向上が期待された。

一方，GAOの機能変化に加えて，GAOと議会との関係が法律によって変化していったことが，スターツ院長のインタビューに現れている[98]。

> いろいろな面でおそらく最も重要だと言える分野は，私たちGAOと議会委員会との関係が変化したことである，と私は思う。……1966年以前は，議会の要請に直接応えるための努力がここではほとんどなされていなかった。1970年法，1974年法，そしてその他のさまざまな法律における変化によって，こうした状況が変化していった。

具体的には，1921年法は，歳入（revenue）・歳出予算（appropriations）・支出（expenditures）に関係する委員会を支援することがGAOの役割であると規定していたが，1970年法はその範囲を拡大し，すべての委員会がGAOの支援対象になった[99]。

このように，GAOのプログラム評価活動の拡大や，議会とGAOの接近は各種法律によって支えられてきたことが分かる。

(b) 報告書による提案　　上下両院ともGAOに関するレポートを1976年と1978年に作成し[100]，GAOに対する勧告を発表

---

(95)　Trask (1996), p. 538.
(96)　GAO (1990b), GAO/OP-14-OH, p. 21.
(97)　GAO (1989), GAO/OP-11-OH, p. 24
(98)　GAO (1987), GAO/OP-1-OH, p. 134.
(99)　GAO (1990b), GAO/OP-14-OH, p. 28
(100)　但し，上院のレポートは4つの立法補佐機関の1つとしてGAOを取り上げている。下院のレポートはGAOのみを対象としている。

している。それぞれのタイトルは,上院は『議会補佐機関 ("Congressional Support Agencies: A Compilation of Papers")』,下院は『会計検査院による議会支援活動("General Accounting Office Services to Congress: An Assessment")』である。

その内容は,上下院とも,直接または間接に,GAO 職員が財務会計や監査に大きな重点を置いていることを残念なこととしている。そこで,例えば下院レポートでは,会計の訓練を受けている監査人の視野を広げる努力を促し,会計以外の分野を専門とする人々を少なくとも GAO 専門職員の半数まで増やすよう促した。また,上院レポートは,GAO がプログラム評価能力を高め,職員構成を学際的なものに拡大するとともに,GAO が議会との関係をより密接にし,より良いコミュニケーションを図ることを勧めた。さらに,GAO の業務運営の改善を促した。具体的には,時宜を得た GAO レポートの提出の必要性を上下院とも提言した。

このように議会は,GAO 監査における視野の拡大 (プログラム評価への移行),議会との関係の密接化,または,GAO 報告書の時宜を得た提出 (timeliness) などを勧告することで,議会側の要望を明確に GAO に示している。但し,これが前出の法律制定や GAO の実際の機能変化とどのように関連しているのかは明らかではない。しかし,実際の GAO はおよそこの勧告通りの進展を見せている。

例えば,GAO 活動を観点別の割合で見てみると[101],財務 (financial) が 14％ (1974年), 12％ (1975年), 11％ (1976年), 10％ (1977年) と低下し,経済性 (economy) と効率性 (efficiency) も,54％ (1974年), 52％ (1975年), 49％ (1976年), 41％ (1977年) と低下している。その一方で,プログラム結果(program results)は,32 ％(1974年), 36％(1975年), 40％ (1976年), 49％ (1977年) と増加している。また,専門職員数のうち,会計及び監査以外を専門領域とする職員が専門職員全体に占める割合は,例えば 32％ (1975年), 35％ (1976年), 39％ (1977年), 41％ (1978年), 54％ (1979年) と増加し,1979年には半数程度になっている[102]。

---

(101) Mosher (1979), p. 179.

他方，GAOと議会との関係については，GAOの全活動における議会からの要請に基づく報告の割合を見ると，1969年頃には10%以下であったのが，1977年には35%にまで増加した。ほかに，議会の承認を得たGAOの歳出予算額は，1973年に98,065,000米ドルが，1975年に124,989,000米ドル，さらに1977年に157,090,000米ドル，1979年に185,906,000米ドルと増額している。但し，提出の締め切り期限までのGAO報告書の提出（timeliness）については，全報告書のうち，報告書依頼者と合意した締め切り期限に間に合った割合は，ようやく1995年になって56%と半数を超えた[103]。

議会は，両院によるGAO活動に関するレポートを通じて，立法上与えられたGAOの権限が実際上機能しうるには何が必要かを明らかにしていると言える。両レポートは，すでに進展しつつあったGAOの機能変化と，議会とGAOとの関係の緊密化に対する議会の支持を示したものであり，議会がGAOの機能と両者の関係を積極的に構築しようとしていたことが分かる。

V.1.2. 理由－なぜ起こったのか

改革の進展したスターツ院長の時期の終わりにおいてさえ議会は，行政監視に比べ立法作業や予算決定により強い関心をもっていたため，GAOレポートがもっと使われる余地があったという記録が残されている[104]。こ

---

(102) GAO, *Annual Report*, 1975 (p. 215), 1976 (p. 221), 1977 (p. 187), 1978 (p. 10), 1979 (p. 11) の数字を使い算出した割合。専門職員の専門領域の詳細については，V.3.1.（142頁）を参照。

(103) GAO, 1998, *Comptroller General's Annual Report*, p. 55. 40%（1993年），43%（1994年），56%（1995年），67%（1996年），91%（1997年），93%（1998年）と向上している。出典：1993－97年の数値は，GAO, 1997, *Comptroller General's Annual Report*, p. 55 (OCR 98-1)。1998年の数値は，GAO, 1998, *Comptroller General's Annual Report*, p. 55。

(104) GAO (1987), GAO/OP-1-OH, p. 135. なお他に，Meier and Bohte (2007) は，行政監視（oversight）を行うことについての動機を議会が欠いており，行政監視が官僚行動の抑制（bureaucratic control）に有効とは言えないという（pp. 148-149）。ただし，議員が官僚行動の抑制を欲すれば抑制できる，とも説明している（p. 178）。

のような見直し作業よりも立法作業を好むという議会の習性がありながらも，なぜ見直し作業が始まり，また，財務監査よりも複雑かつ広範囲な視点を扱うプログラム評価が選ばれたのか。また，なぜ，GAOにその任務が課せられ，そしてGAOはそれまで経験の少ないプログラム評価を実施し拡大することができたのか。

(i) 上述の情報・データを使った説明

プログラム評価を議会がGAOに義務付けたのは，1967年の「1964年経済機会法」の修正であった。これは，民主党ジョンソン政権から共和党ニクソン政権への移行を見越した共和党上院議員によるイニシアティブによるものだった。これによって，ジョンソン政権の看板政策である反貧困プログラムの評価が立法化されたことになる。このことは，GAOによる本格的プログラム評価作業の開始のきっかけが，党派性および政権交代というアメリカ政治文化にあることを示していると言える。

プログラム評価が選ばれた理由は，上の反貧困プログラムが，教育・福祉・保健などの分野を対象としており，それらが財務基準と比べて基準の設定が難しい分野であったためである。こうして，広範囲な対象を扱うプログラム評価が発展していくことになる。

また，ベトナム戦争やウォーターゲート事件によって，行政府やそれを監視すべき立法府に対する国民の不信が増大した。これはアメリカ政治の正当性に対して国民の疑惑を招いたことを意味する。この疑惑を解消するために立法府は，執行の効率性を超え，議会の意図が実現したかという視点で行政監視をする必要が生まれた。それにはプログラム評価が適していた。

一方で，従来の厳格な財務・契約監査への反発が，防衛関連の委員会で起こった。この出来事が結果的に，GAOを従来の監査業務から新しい形態の業務に視点を変えることをさらに後押しすることになった。かつてアンソニー・ダウンズ（1967）は，組織[105]は存続するために機能を移し替える

---

(105) ここではダウンズが使った「官僚機構」という表現を「組織」と言い換えている。その理由は，本文で行政府との混同を避けるためである。また，ダウンズの「官僚機構」の定義を見れば，GAOという組織がその

ことをしばしば厭わない，と説明した。当初の社会的機能が相対的に低下しても，時を逸さずに生きながらえる新しい機能を営みうるほど機敏であれば，組織は消滅しないという。この理論は，GAOにも当てはまると言えよう。つまり，財務運営監査とは異なる路線をとることを余儀なくされたGAOが，「プログラム評価」という新たな行政監視機能のあり方を発見したのではないか，と考えることもできる。

GAOがプログラム評価の実施機関に選ばれた理由は，GAOは中立かつ非党派の組織であるため，党派的事項となりやすい反貧困プログラムを扱うには，ふさわしい条件をもっていたからである。アメリカ政治制度の正当性を取り戻すには，議会は，従来依存していた行政府ではなく，独立した情報源を必要としていた。それには，立法補佐機関でありながら，独立かつ非党派であるGAOが適していた。さらに，1970年代前半の議会改革によって議会内の権力の分散化が起こり，より民主化された。また，新しいタイプの議員，つまり若く相対的に高学歴な彼/女らは，独自の政策課題を発掘することにも積極的であった。そして，多様なグループによる政策を巡る議会への圧力が政策間競争を生み出した。そのため議会は，より専門的かつ独自の情報源を必要とした。それには独立した立場のGAOが，専門性を高めることでこの需要を満たすと考えられた。

従来の財務監査の範囲を超え，かつ，単なる調査を超えた判断を求めら

定義に該当していることが分かる。つまり，ダウンズは「官僚機構」の定義を「……組織が次のような特徴をもてば，またもつことによってのみ官僚機構である。(1)組織が大きいこと。……(2)その成員の多数が常勤であり，彼らは収入の大部分を得るため，組織に雇用されている。(3)官僚機構の内部でまず人員を雇用し，昇進させ，保持することは，少なくとも一つには，彼らが官僚機構の目的を遂行してきた仕方，あるいは期待されうる遂行の仕方に関する何らかの形での評価にもとづくのであって，(宗教，人種，社会的階級，家族関係，年齢のような) 本人に帰属する特質とか，あるいは官僚機構の外部における選挙母体による定期的公選のみによるのではない。(4)組織の産出の主要部分が，組織の外部に存在するいかなる市場においても，自発的"代償"行為により直接あるいは間接に評価されない」(ダウンズ (1975), pp. 32-33)，としており，これはGAOの特徴と類似している。

れるプログラム評価にGAOが取り組むことができたのは，事前に散発的なプログラム評価の実践があったこと[106]，各種制定法によってGAOにプログラム評価を担わせることを明確にし，また，そのために必要な情報入手や機構変更などの制度変更を可能としたことが，理由として考えられる。他に，議会がレポートを通じて，プログラム評価活動の強化に向けたGAO職員の学際性向上や議会へのレポート提出のタイミングを図り，議会の意思を明確にしたことも理由と考えられる。

(ii) **既存理論を使った説明** 「Ⅳ.1. アカウンタビリティ理論」で説明した，タイプ別分類（財政・プロセス・プログラム）を使うと（74頁），GAOは，財政効率性と財政運営の監査を柱としたアカウンタビリティからプログラム評価を中心としたアカウンタビリティに移行したと言い換えることもできる。そしてアカウンタビリティが，公共機関の内外に生ずるさまざまな期待に対応するための手段を含む概念であるとするならば，GAOは上に説明した政治・社会的要因によって変化した議会からの期待に反応したことによって，そのアカウンタビリティのタイプを変化させることになったと考えることができる。

Ⅴ.1.3. さらに検討が必要な事項

これまでの説明から，財務管理中心の問いから，議会の意図をどれほど達成できたのかという問いへの変化に伴い，プログラム評価の取組みが始

---

(106) GAO (1993), GAO/OCG-1-OH, p. 54 & 56において元院長補佐官（計画と報告担当）のエシュヴェーゲは1967年経済機会法修正によってプログラム評価が義務付けられる前の1960年代初めに，散発的にいくつかのプログラム評価を行ったと発言している。彼は例として，輸入フシアリ根絶を目的とした農業プログラムや，商品取引機関に関するプログラム，また，職業訓練や雇用対策のプログラムを挙げている（p. 54）。これらの評価は，議員個人からの要請を受けたり，GAOが自発的に始めたりしたものであるという（p. 54）。加えてエシュヴェーゲは，議会がGAOにプログラム評価を義務付けた理由としては，GAOが上に説明したような評価の難しい種類のプログラムをすでに評価しており，その出来を良いと議会側が考えたからだろうと発言している（p. 56）。

まったことが分かる。これは，従来のアカウンタビリティ理論の分析枠組によっても説明できる。問いが変わったので，その応答も変わったと解釈できる。しかし，なぜGAOが担うことになったのか，についてはまだ十分に説明できていない。例えば，なぜ，議会の委員会が直接，自らのスタッフを使うなどして評価を行うことにならなかったのか。なぜ，行政府自身が評価を行うということで足りる，とはならなかったのか。

立法府が行政府に不信をもち権力の不均衡への不満が高まると，それらの回復を目指してGAOにアプローチをしていった理由が独立性にあったという説明がある。しかし，なぜ独立機関である必要があるのか，まだ十分な根拠が与えられていない。また，情報公開制度の発展[107]に伴い，市民団体に行政監視をまかせるということも考えることができるが，そうとはならなかった。それには，議会内でのGAOの機能に関する当時の考えや，評価機能をどこに置くかに関する議論を見ていく必要がある。また，こうした事実からの説明のみならず，憲法などの規範理論によってその意味付けを考えることも有効であろう。つまり，憲法に基づく統治の仕組みである三権以外の機関が，三権の均衡を保つために使われるという事実をどのように解釈できるのか。この独立性に関する問いについては，V. 5. で検討する。

一方，これまでの説明では，GAOがプログラム評価の能力を高めていった理由の説明はできる。しかし，なぜGAOは従来の業務とは異なるプログラム評価を，初めて議会から依頼を受けたときに十分な準備なしにできたのかについては，これまでの説明では満足とは言えない。なぜなら，議会が初のプログラム評価を要請したのは1967年であり[108]，プログラム評価

---

(107) 行政文書へのアクセス権限を強化するための法は，(1)1966年採用 (adopted) の情報自由法 (Freedom of Information Act)，(2)1978年制定 (enacted) の大統領記録法 (the Presidential Record Act) (ウォーターゲート事件のあと制定) であり，また，(3)1990年代クリントン政権期に行政職員 (officials) の情報機密化の権限を制約し，情報の機密指定の解除のための制度向上を図ることにより，一般市民が政府の情報にアクセスしやすくした。

(108) このプログラム評価活動は，1967年から1969年まで行われた。1969年には議会にレポートが提出された。

の義務を明記した1970年法や1976年の上院レポートはこの後である。これを探るためには，議会からのアプローチという外的要因のみならず，GAO内部にあった要因の検討が必要となる。この検討は次のV. 2. で行う。

V. 2　GAOの内部要因（第2観点）

図V－2　第2観点における仮説

| GAOの経験及びGAOの変化について
GAOの内外が持つ期待に対するGAO職員の反応 | → | GAOによる評価活動の活発化
及び議会への接近 |

V. 2. 1. 関係説明－どのようにして起こったのか

(i) 第二次世界大戦後に始まる漸進的なプログラム評価への移行

第二次世界大戦後，GAOは政府会社の商業タイプの監査の経験[109]や包括的監査（"comprehensive auditing"）[110]の取り組みを通じ，プログラム評価に向けてゆっくりと動いていった。そのことは，その後の1966年（初のプログラム評価が行われる前）に院長となったスターツが，彼の前任者が評価業務を将来構築できるだけのしっかりとした基礎を，彼の就任前までに作っていたことを発見した，という記述[111]にも現れている。

具体的には，この変化は，「包括的監査」の定義に見て取ることができる。「包括的監査」の定義は，ウォーレン院長が示した1949年のものと，1953年のものとは異なるという。1949年の定義では，「会計システム，および行政機関の内部チェックとコントロールを強調していた。」一方，1953年の定義では範囲が広がり，『『活動の効率性（efficiently）と合理性（reasonably）』

---

(109) 1945年の政府会社統制法（the Government Corporation Control Act）が制定されるまで，政府会社は監査対象外であった。制定前には，政府会社の腐敗や不正契約などの疑いをGAOは指摘していた。
(110) 財務諸表上の収支ではなく，財務運営（management）を監査するもの。
(111) Trask (1996), p. 540.

および『公的資金の適用がもたらす効果（effectiveness）』が含まれる。つまり広く『行政機関の業務全般を評価』していると話している。」なお，1949年時点では，「包括的監査の一部として行政機関のプログラムの効果と結果を見るという予定について言及はない。」[112]この効果への視点の拡張は，当時の段階でまだプログラム評価という言葉がなくとも，それに向けた動きを示している。

ほかに，公式にプログラム評価が始まる前に，プログラム評価のような活動の必要性に気づき始めた者がGAO職員の中に現れてきていた[113]。なぜなら，財務情報では政府活動が価値あるものなのかどうかを説明することができなかったためである。この認識は，GAO職員であったアドルフ・T・サミュエルソン（Adolph T. Samuelson）（1946－1975年在職）のインタビューに，次のように現れている[114]。彼は，スターツ院長の時期に院長補佐に任命され，改革の一翼を担った[115]。

> ……沿岸警備隊が30年前に徴収されるべき料金を算出し，計画を変更してこなかったことを，GAOは発見した。単に財務諸表それ自体から出てきたものは，連邦機関において何が起きているのか，さらにどんな便益が実現したのかに関する評価から何が明らかになるべきであるか，という質問への回答とはならないことが気づかれるようになっていった。……それは，こうしたサービスが資金をつぎ込むだけの価値があるのかどうかを，あなたはどのように決めるのかという質問になっていった。そして，それはどんどんプログラム評価に近づいていった。それは，……一夜にしてそこに現れたことではない。1966年以

---

(112)　Trask (1996), p. 322.
(113)　Tidrick (2006), p. 58 のインタビューの中でスターツ院長は，1966年の就任当時は，会計士が占めていた職員はGAOの変革の必要性にほとんど気づいていなかったと発言している。このことを踏まえると，ごく少数の人間が気づき始めたと推測できる。
(114)　GAO (1989), GAO/OP-11-OH, p. 15.
(115)　GAO (1989), GAO/OP-11-OH, p. vii.

前に，たくさんの人々の考えがこのことに集約していった[116]。しかし，1966年以降は，その種のことがさらに強調されたり，また，使用される専門用語や用語解説も考慮され，それをよりよく表現したり，またはそのインパクトを説明したりするように変更された。こうしたことは，1966年以降は自然だった。

加えて，GAO が独自に作成していた"イエロー・ブック（the Yellow Book）[117]"と呼ばれる監査マニュアルには，経済性，効率性，およびプログラム結果を監査する基準が書かれており，それは1970年法の考えに合致していた。GAO 活動の方向性が，議会の考えと似ていたことが分かる。このことは，次のスターツ院長のインタビューにも現れている[118]。

> ほぼこれ（プログラム効果の評価を GAO に対し最も明示的に義務付けた，1970年法制定の頃[119]）と同時期に，私たちは，監査の目的が何であるかに関する監査マニュアル（イエロー・ブック）を準備していた。私たちは契約監査のためのマニュアルは持っていた。しかし，監査目的や，経済性・効率性・プログラム効果のための監査の手引きといった性質のものはなかった。その結果，私たちは評価の仕事と並行して監査マニュアルの作成を行うことになった。エルスワース・モース（Ellsworth Morse）とダン・スキャントベリー（Don Scantlebury）がこれを主導し，連邦政府・州・地方政府・アメリカ公認会計士協会に，どのような種類の監査マニュアル又は監査目的が提示されるべきかについて同意を得るように努めた。そこでは，経済性・効率性・プ

---

(116) GAO (1993), GAO/OCG-1-OH, p. 54 で元院長補佐官のエシュヴェーゲは，1960年代前半までに散発的にプログラム（例：輸入フシアリ根絶を目的とした農業プログラムなど）の評価を行ったという。
(117) 表紙が黄色いためにこのように呼ばれる。政府監査基準（GAGAS: Generally Accepted Government Auditing Standards）のこと。
(118) GAO (1993), GAO/OCG-1-OH, p. 42.
(119) 括弧内は筆者解説。

ログラム結果のための監査基準について，GAOが詳細に説明を行った。

続けて，スターツ院長は，就任後間もなく出席した会合（ディッチリー会議（a Ditchley Conference）[120]）で，アカウンタビリティという概念，特に，財政アカウンタビリティ，運営アカウンタビリティ，そしてプログラム・アカウンタビリティという概念を知る機会を得たときに，アカウンタビリティが何であるかを知ったという。そして，従来から使われていた法令順守監査（compliance auditing）という用語に，これらの便利な用語を加えたと発言している[121]。

以上のように，監査活動の中で監査内容が変化していった。これが議会の動きと合わさり，GAOをプログラム評価へと向かわせることになった。また，このGAOと議会の動きの性質を適切に表すアカウンタビリティの概念にスターツ院長が遭遇したことは，この動きを推し進める1つの要素になったと考えられる。

(ii) **反貧困プログラムの評価**　　V. 1. 1. (i)（83頁）で説明したとおり，反貧困プログラムの評価を義務付けられたGAOは，それをこなすことができた。それは，組織が大きな危険を冒すことなしに，政治的な影響を受けやすい複雑な事項を検証できるという自信になった[122]。

そしてトラスクは，GAOがこの評価を通じて行政機関が抱える問題を発見することになったと説明している。

　　加えて，1969年3月に反貧困プログラムの評価レポート要約版を議

---

(120) ディッチリー会議は，イギリスのオックスフォード郊外にあるディッチリー財団が年に12回程度開催するものである。同会議では各国の政治家，政府関係者，経営者，学者など多岐にわたる有識者が集まり，世界が直面している政策課題について自由な議論が行われる。<http://www.ditchley.co.uk>

(121) GAO (1993), GAO/OCG-1-OH, p. 42.

(122) Havens (1990), GAO/OP-2-HP, p. 7.

会に提出し，その後60本近くの補足レポートを提出した。……GAOは，1つの大きな問題が，経済機会法によってつくられたプログラムと，他の行政機関によって管理されているプログラムとの間での調整にあることを突きとめた。……新しく設立された経済機会局（OEO）自身は，調整の仕事に大いに注意を向けることができていなかった。そのためGAOは，それまでずっと効果的な調整がなされてこなかったと感じた[123]。

さらに，そのような行政機関横断的な評価こそ，GAOの強みであり役割であることを発見したと，プロクシマイア元上院議員はインタビューで発言している[124]。

　従来，対外援助は国務省のみが関係する分野であると常に考えられてきた。多くの行政機関が対外援助に関与しているにもかかわらずである。例えば，財務省や住宅都市開発省も関与している。GAOは，対外援助プログラムが200億ドルの業務であることを発見した。それは，だれもがそれまで考えていた数字よりもかなり大きなものであった。これが，GAOにより評価可能な行政機関横断的な業務であった。さもなければ，（委員会と委員会の[125]）割れ目の間に落ちてしまっていただろう。なぜなら，非常に多くの歳出委員会や通常の委員会が，ある特定の機関のみを対象とした管轄を担っていると感じていたためである。GAOはこの行政機関横断的な方法で現れ，非常に有用な調査を行った。

(iii) **2つの要因がGAOの活動に与えた影響**

　上のように，社会的に需要があると自ら判断した事項（プログラムの効果を検証する必要性，行政機関横断的な調整主体の欠如）に対するGAOの反応（Ⅴ．2．1．(i)およびⅤ．2．1．(ii)）（113-117頁）は，その

---

(123)　Trask (1991), pp. 61-64.
(124)　GAO (1990c), GAO/OP-16-OH, p. 4.
(125)　括弧内は筆者補足。

後のGAOの取組みに影響を与えることになる。具体的には，プログラム評価の実施促進のための取組みと，議会への接近である。

前者のプログラム評価の実施促進のための取組みとしては，GAO内部の評価者の数を増やし，プログラム評価を行うために職員の訓練を始めた。また，効果を監査するためには大学での会計学の訓練では必要な知識や分析技術を与えられないと気づき，多分野からの雇用（interdisciplinary evaluators）を徐々に進めた[126]。

このスターツ院長の時期の組織変革に対して，GAO職員の中には次のような反対意見を示す者がいた[127]。「厳格な費用便益分析の対象ではない分野に関与することによって，それまでGAOが享受してきた信頼性を失うことになるだろう」，または，「締め切り時間を早め時宜を得た報告（timeliness）を実現するための圧力が増したことで，職員による過失の危険性を高め，GAOの評判を落とす危険性を大きくしてしまうのではないか，と古くから働いてきた職員を不安な状態に置くことになるだろう」，というものだった。

また，組織変革に対する内部批判は，GAOの組織変革に伴い職員の削減があった部門，具体的には個々の契約監査担当に強かった。このことはエシュヴェーゲのインタビュー[128]に現れている。

　確かに職員の中には後年にわたるまで抵抗する者がいた。なぜなら，彼らは多くの会計や効率性タイプの仕事に慣れていたためであった。個別契約の監査のような，ホリフィールド公聴会の前にその種の仕事を主に行っていたいくつかの地域事務所があった。偉大な金銭的業績（減額[129]）を示すことができたと彼らが感じている場所だった。……

---

(126) Sperry, et al. (1981), p. 175. ほかに，スターツ院長は就任後間もなく，職員構成の大幅な変更が必要であると気づいたことを，インタビューで言及している（Tidrick (2006), p. 58.）。
(127) Rourke (1978), p. 454.
(128) GAO (1993), GAO/OCG-1-OH, p. 56
(129) 括弧内は筆者解説。原文は，"dollar accomplishment."

反貧困プログラムの評価が非常に大きな金銭的業績を私たちに与えることはないだろうということを，私たちは知っていた。そのため，私たちはそれをやわらかい評価（a soft evaluation）と呼んでいた。……私たちの勧告は減額ではなく，増額を提案することに繋がる可能性さえ時々あった。GAO 内部で，評価業務を割り当てられた職員から，仕事量が厖大――それは私たちがそれ以前までに決して遭遇したことがないようなもの――であるということ以外に，反対の声を聞いたことは，私はほとんどない。評価に関与していない人々から――驚くことではないが――反対の声があった。彼らは，仕事を終えることはないだろうと不満を言った。いいかえれば，防衛課（the Defense Division）の人々は，仕事を遂行するに十分な職員の割り当てを得ることができなかった。

一方で，1960年代後半に上院歳出委員会への出向およびワシントン地域事務所の監査責任者を経験したウルフによれば，一般に組織変革に伴いがちな強い不満は GAO 内部ではそれほど強くなく，プログラム評価業務の増加への障害とはならなかったという[130]。

このように，評価活動に関与しているかいないか，どこに配属されているかなどによって，プログラム評価の本格的取組みに対する GAO 職員の反応が異なったようである。しかし実際には，1960年代後半以降，プログラム評価の数と議会からの要請数が増加している。このことから，プログラム評価に向けた体制整備に支障が加わるほどの大きな反対に遭遇しなかったと言うことはできる。さらに，スターツとのインタビュー[131]を行ったキャシー・キャラハン教授によれば[132]，スターツが GAO に来る頃にはすでに GAO の監査人らは，良い政府を推し進め，不正と乱用を回避するため

---

(130) GAO (1988b), GAO/OP-8-OH, p. 30.
(131) Callahan (2006)
(132) ここでのキャラハン教授の発言は，筆者が教授の論文（Callahan (2006)）について電子メールで質問したことに対する回答（2006年4月27日）。

にもっとできることがあると気づいており，このように組織内部の人々はすでに変化への準備ができていたので，スターツの考えを受け入れることができたのだ，とスターツは答えたという。このことから考えると，むしろ，彼の改革の方向が組織内に芽生えていた意向と合っていたために，大きな反対に遭わずに済んだと言えるだろう。

　もう1つのGAOの取組みである議会への接近については，GAOは評価の利用に関する議会の需要喚起に取り組んだ。具体的には，1977年にGAOが議会向けに発行した，「プログラムがどのように機能しているのかを発見する：議会による行政監視のための提案」レポートが挙げられる。これは，評価者や意思決定者の間での双方向プロセスに向けた手引きである。スターツによれば，まず，議会がプログラムを認定する法律を制定する時からこのプロセスは始まる。それと同時に，行政機関がいつ何をプログラムの実施と評価について議会に報告すべきかを知るために，議会には行政監視の要求項目を明確に説明することが期待される。次に，行政府の政策，行政機関のプログラム設計，実際のプログラム活動，評価測定を明確にしたり，必要であれば，調整したりすることを目的に，行政機関と議会委員会の間で双方向のやりとりが行われる。そして，完成した評価結果を報告する際に要求される事項を詳細に定義したところで，プロセスが終わる。この双方向プロセスによって系統的な評価ができるのみならず，議会委員会と行政機関の間で話し合いをすることによって，柔軟に評価の方法を決めることも期待された。農業省の水道プログラムをこの双方向プロセスで評価したことを事例に，こうした段階を踏まえることで，評価利用に対する議会の関心を喚起し，議会側の評価利用を促すとスターツ院長は考えていた[133]。

　他にも，GAOは議会による行政監視の重要性を強調することによって，議会がそれを強化することを促した。例えば，1979年にGAOは，議会の行政監視のために提案された法律に関する議会公聴会（hearings）において証言をした。そのきっかけは，法律がどの程度良く又は悪く機能している

（133）　Staats (1980), pp. 25-26.

のかを発見し，また発見したことに基づきつくられた法律を通じて行動するという点に対する議会の能力を改善する必要性についてコンセンサスを醸成するために，GAO は公聴会に出席するよう促されたことにあった[134]。公聴会で GAO は，プログラムの継続・停止・修正に関する決定の場で，議会が責任を持って行動できるためにプログラムや政策の選択についての情報はつくられるべきであり，議会に報告されるべきであると発言した[135]。このように，GAO は自ら議会に行政監視の意義を説明していたことが分かる。

　GAO が議会に接近した動機には，自らが効果的であるためには，議会の支援を受け GAO の機能と権限が守られた状態にする必要がある，と考えていたことが分かる。それは，議会との関係改善の基礎をつくったと言われるウォーレン院長（1940-1954年）が，1954年の退職の2，3ヶ月前に，「GAO は議会のための機関であるということを，議会が覚えていることは重要である。GAO が価値ある存在であるためには，常に独立，非党派，そして非政治的であり続けなければならない。そして効果的であるには，GAO は常にその機能と権限を議会に心から支持されていなければならず，また，油断のない保護を得ていなければならない」と言ったことに現れている[136]。

　以上から，GAO は監査業務の中で監査の観点を拡張する必要性を認識し，また，反貧困プログラムの評価を実施する中で，行政機関の分野横断的な調整能力の欠如や，GAO 自らの評価能力への自信を経験した。このことによって，GAO はプログラム評価の強化に向けた努力を続けるとともに，自身の機能と権限の保護と効果的業務の実現のために，議会への働きかけを行ったことが分かる。

---

(134) Staats (1980), p. 27.
(135) 他に，議会に次の要望を行っている。新規又は再認定プログラムの目的の議会による明確化，行政機関による系統的なプログラム監視の法制化など（Staats (1980), p. 27）。
(136) Trask (1996), pp. 89-90.

V.2.2. 理由－なぜ起こったのか

議会からの要請にただひたすら受身に応えるようにして，GAOはプログラム評価を始めたのではないことが，これまでの説明から分かる。GAO内部では時間をかけて監査基準の範囲を拡大していき，効率性・財務運営の監査のみならず効果に関する監査を少しずつ始めていた。そして，法的要請である反貧困プログラムの評価をきっかけに，GAOは本格的にプログラム評価活動のための組織変革を開始する。また，自らの機能を発揮するために議会の支えを必要とした。このようにGAOと議会の双方が互いを必要としていた。

V.2.3. さらに検討が必要な事項

会計基準の範囲拡大（プログラム評価）の必要性は，1966年段階でGAO内部に広く気付かれているとは言えなかった。また，反対意見も存在していた。にもかかわらず，GAOの組織変革が進んだのは何故なのだろうか。

議会の指示（法による義務）は，組織変革のきっかけになるとしても，執行の成功を保証するものではない。執行がうまく進んだ理由を探るには，GAO経営の最高責任者である検査院長のイニシアティブを分析する必要がある。プログラム評価への前進と，議会との密接な関係に向けて舵を切ったのは，スターツ院長であった。

V.3 要因としての検査院長（第3観点）

図V－3 第3観点における仮説

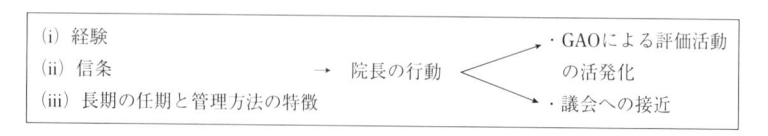

```
(i) 経験                              ・GAOによる評価活動
(ii) 信条            →   院長の行動      の活発化
(iii) 長期の任期と管理方法の特徴         ・議会への接近
```

検査院長はその長期の任命期間，および解任の難しさから，リーダーシップを発揮しやすいと言われる。実際，院長の方針によって，GAOのあり方も異なっている。例えば，これから検証するスターツ院長（1966－1981年）の貢献の1つとして，議会との関係を深めたことが挙げられるが，こ

れは，各院長によって違いが見られる。スターツ以前の検査院長を比較すると，スターツ院長を最も緊密として，順に，ウォーレン院長（1940-54年），キャンベル院長（1954-65年），マッカール院長（1921-36年）と並ぶという[137]。ウォーレンとその後任のキャンベルを見ると，現在に近くなるほど緊密度が高まるわけではないことが分かる。それは議会との関係を巡る各院長の考え方を反映している。スターツ院長は，議会に対するGAOのサービスの向上と拡大を1つの目標としその実現に努めた結果，彼の任期中に，議会からGAOへの直接要請率が全業務量のうちの10%以下だったのが40%近くにまで増加することになった[138]。

また，スターツ院長は，議会からの要請に応えるために，連邦政府のプログラムの有効性や効率性を検証するプログラム評価や政策分析の取組みを増やした[139]。その結果，彼の退任の頃（1981年）にはプログラム評価や政策分析がGAO業務の中心的役割を果たすようになっており，彼の就任当初（1966年）とは様変わりしたという。1967年（図Ⅴ-4）[140]，1972年（図Ⅴ-5）[141]，1981年（図Ⅴ-6）[142]の組織図を比べると，その変化が分かる。1967年の図には会計と監査の担当課（Accounting and Auditing Divisions）として，民生課（Civil Division）・軍事課（Defense Division）・運輸課（Transportation Division）・地域業務課（Field Operations Division）・国際課（International Division）などが並んでいる。それが1972年の図では，地域業務課・国際課・運輸課は同じであるが，その他は7つの機能別の課（operating divisions）に区分されている。具体的には，財政と一般管理調査課（Financial and General Management Studies Division），ロジスティックスとコミュニケーション課（Logistics and Communications Division），調達とシステム入手課（Procurement and Systems Acquisition Division），連邦政府職

---

(137) GAO (1990b), GAO/ OP-14-OH, p. 19.
(138) Trask (1991), p. 93.
(139) Tidrick (2006a), p. 57.
(140) Trask (1991), p. 153.
(141) Trask (1991), pp. 154-155.
(142) Trask (1991), p. 156-157.

図Ⅴ-4　GAO組織図（1967年）

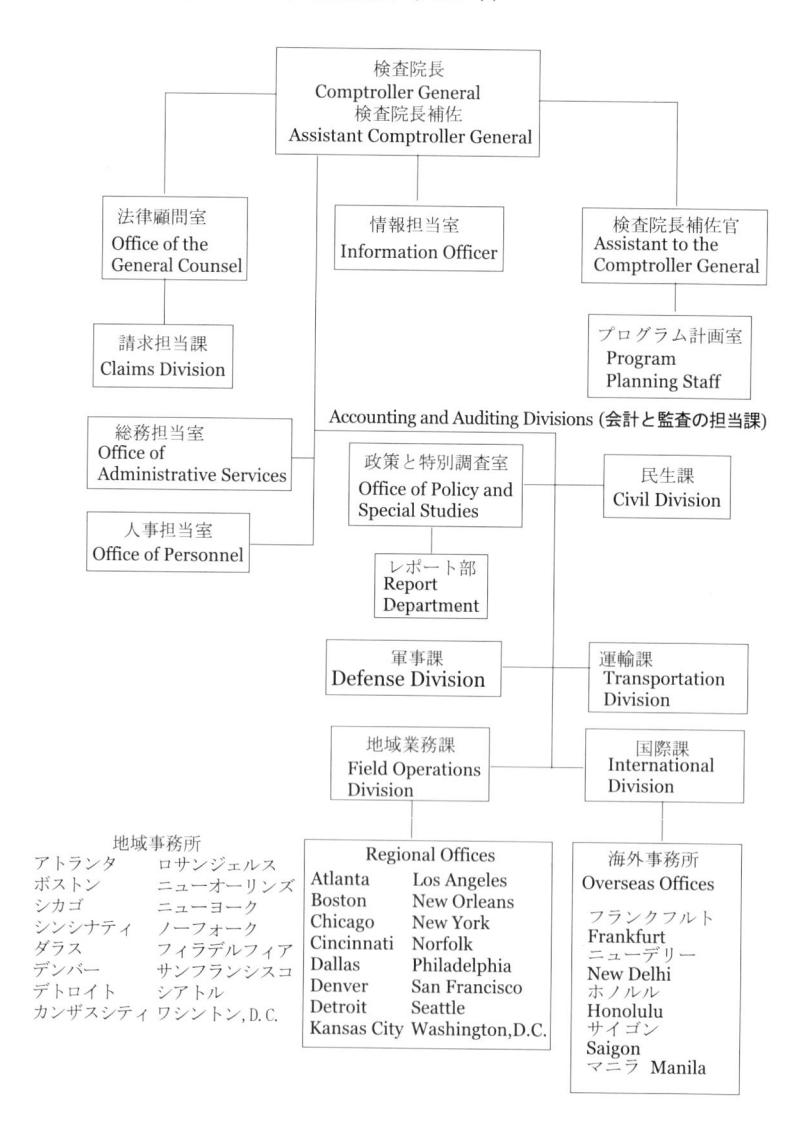

```
                          検査院長
                    Comptroller General
                          検査院長補佐
                   Assistant Comptroller General
```

- 法律顧問室　Office of the General Counsel
- 情報担当室　Information Officer
- 検査院長補佐官　Assistant to the Comptroller General

- 請求担当課　Claims Division
- プログラム計画室　Program Planning Staff

Accounting and Auditing Divisions（会計と監査の担当課）

- 総務担当室　Office of Administrative Services
- 政策と特別調査室　Office of Policy and Special Studies
- 民生課　Civil Division
- 人事担当室　Office of Personnel
- レポート部　Report Department
- 軍事課　Defense Division
- 運輸課　Transportation Division
- 地域業務課　Field Operations Division
- 国際課　International Division

地域事務所
アトランタ	ロサンジェルス
ボストン	ニューオーリンズ
シカゴ	ニューヨーク
シンシナティ	ノーフォーク
ダラス	フィラデルフィア
デンバー	サンフランシスコ
デトロイト	シアトル
カンザスシティ	ワシントン, D.C.

Regional Offices
Atlanta	Los Angeles
Boston	New Orleans
Chicago	New York
Cincinnati	Norfolk
Dallas	Philadelphia
Denver	San Francisco
Detroit	Seattle
Kansas City	Washington, D.C.

海外事務所
- フランクフルト　Frankfurt
- ニューデリー　New Delhi
- ホノルル　Honolulu
- サイゴン　Saigon
- マニラ　Manila

出典）GAO(1991), GAO/OP-3-HP, p. 153.

員と給与課(Federal Personnel and Compensation Division), 労働力と福祉課(Manpower and Welfare Division), 資源と経済発展課(Resources and Economic Development Division), 一般政府関連課(General Government Division)である。モシャーによれば,それらは政府横断的に設定されており,これは,行政機関横断的なより広域な政策を扱う調査やプログラム効果の評価を促進することを意図していたという[143]。さらに1981年の図には,3人の検査院長補佐のうち一人がプログラム評価業務に割り当てられており(Assistant Comptroller General for Program Evaluation),その下にプログラム評価の担当課が並んでいる。

このプログラム評価活動の全般にスターツ院長が深く関わっていたことは,エシュヴェーゲの発言に現れている[144]。

> まず初めに言わせて欲しいことは,エルマー・スターツがプログラム評価活動の初めから終わりまで,大いに関わっていたということだ。私は,(初の本格的なプログラム評価を引き受けてから[145])約13年後の1981年の彼の退任パーティーで,この仕事の一番の監督者は彼であると私たちがみなしていたことを,彼に伝えた。それほど,彼はそれに関与していた。彼は,どのように私たちがプログラム評価を進めていくのかについて,本当に多くの細かな決定を下した。……

以上のほかに,スターツ院長はアメリカ国内の関連政府機関や,諸外国の会計検査院との関係強化にも努めた。具体的には,前者については,財務省(the Treasury)や予算局(the Bureau of Budget)と密接に協力しながら会計システムの向上を図るために,「財務管理改善共同プログラム(JFMIP[146])」の強化を目指した。スターツ院長の前任者のキャンベル院長

---

(143) Mosher (1984), p. 148.
(144) GAO(1993), GAO/OCG-1-OH, p. 57.
(145) 括弧内は筆者補足。
(146) The Joint Financial Management Improvement Program. これは,財務省長官(The Treasury),予算局局長(The Bureau of the Budget. のちに The

図Ⅴ-5　GAO組織図（1972年）

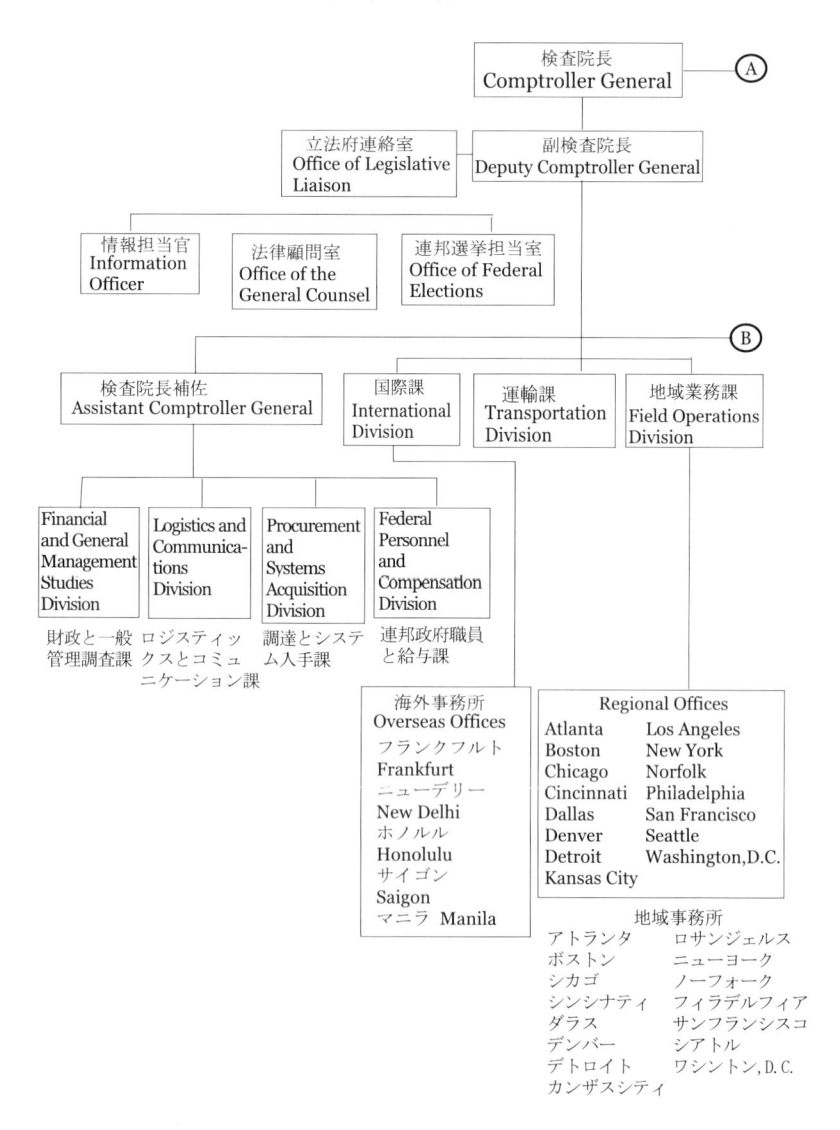

- 検査院長 Comptroller General — (A)
  - 立法府連絡室 Office of Legislative Liaison
  - 副検査院長 Deputy Comptroller General
    - 情報担当官 Information Officer
    - 法律顧問室 Office of the General Counsel
    - 連邦選挙担当室 Office of Federal Elections
  - (B)
    - 検査院長補佐 Assistant Comptroller General
      - 財政と一般管理調査課 Financial and General Management Studies Division
      - ロジスティクスとコミュニケーション課 Logistics and Communications Division
      - 調達とシステム入手課 Procurement and Systems Acquisition Division
      - 連邦政府職員と給与課 Federal Personnel and Compensation Division
    - 国際課 International Division
      - 海外事務所 Overseas Offices
        - フランクフルト Frankfurt
        - ニューデリー New Delhi
        - ホノルル Honolulu
        - サイゴン Saigon
        - マニラ Manila
    - 運輸課 Transportation Division
    - 地域業務課 Field Operations Division
      - Regional Offices / 地域事務所
        - Atlanta　アトランタ
        - Boston　ボストン
        - Chicago　シカゴ
        - Cincinnati　シンシナティ
        - Dallas　ダラス
        - Denver　デンバー
        - Detroit　デトロイト
        - Kansas City　カンザスシティ
        - Los Angeles　ロサンジェルス
        - New York　ニューヨーク
        - Norfolk　ノーフォーク
        - Philadelphia　フィラデルフィア
        - San Francisco　サンフランシスコ
        - Seattle　シアトル
        - Washington, D.C.　ワシントン, D.C.

第Ⅴ章　検証　127

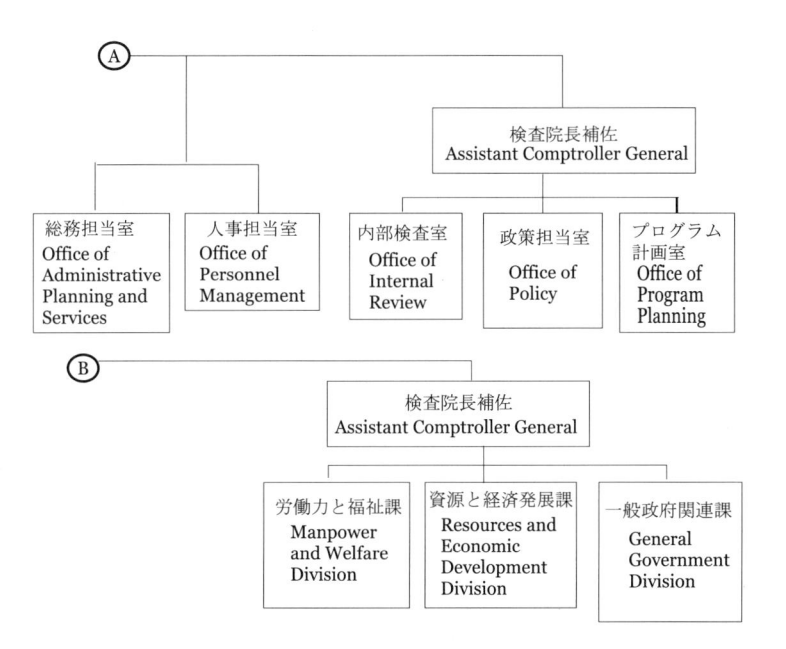

```
Ⓐ ──────────────────────────────┐
                          検査院長補佐
                   Assistant Comptroller General
   ┌──────┬──────┬──────┼──────┬──────┐
 総務担当室  人事担当室  内部検査室  政策担当室  プログラム
 Office of   Office of   Office of   Office of   計画室
 Administrative Personnel   Internal    Policy     Office of
 Planning and Management   Review                 Program
 Services                                         Planning

Ⓑ ──────────────────────────────┐
                          検査院長補佐
                   Assistant Comptroller General
         ┌──────────┬──────────┐
     労働力と福祉課  資源と経済発展課  一般政府関連課
     Manpower      Resources and   General
     and Welfare   Economic        Government
     Division      Development     Division
                   Division
```

出典）GAO(1991), GAO/OP-3-HP, pp. 154-155.

図V−6　GAO組織図（1981年）

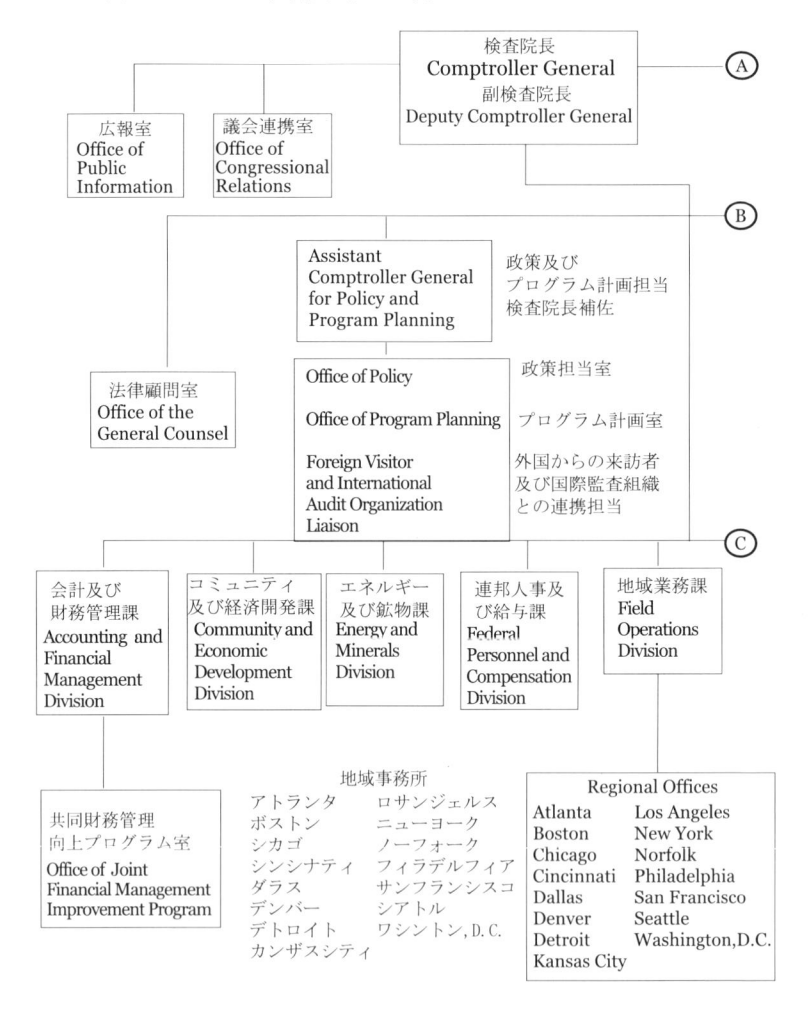

検査院長
Comptroller General
副検査院長
Deputy Comptroller General

広報室
Office of Public Information

議会連携室
Office of Congressional Relations

Assistant Comptroller General for Policy and Program Planning
政策及びプログラム計画担当検査院長補佐

法律顧問室
Office of the General Counsel

Office of Policy
政策担当室

Office of Program Planning
プログラム計画室

Foreign Visitor and International Audit Organization Liaison
外国からの来訪者及び国際監査組織との連携担当

会計及び財務管理課
Accounting and Financial Management Division

コミュニティ及び経済開発課
Community and Economic Development Division

エネルギー及び鉱物課
Energy and Minerals Division

連邦人事及び給与課
Federal Personnel and Compensation Division

地域業務課
Field Operations Division

共同財務管理向上プログラム室
Office of Joint Financial Management Improvement Program

地域事務所
アトランタ　ロサンジェルス
ボストン　ニューヨーク
シカゴ　ノーフォーク
シンシナティ　フィラデルフィア
ダラス　サンフランシスコ
デンバー　シアトル
デトロイト　ワシントン, D.C.
カンザスシティ

Regional Offices
Atlanta　Los Angeles
Boston　New York
Chicago　Norfolk
Cincinnati　Philadelphia
Dallas　San Francisco
Denver　Seattle
Detroit　Washington, D.C.
Kansas City

出典）GAO(1991), GAO/OP-3-HP, p. 156-157.

第Ⅴ章　検証　129

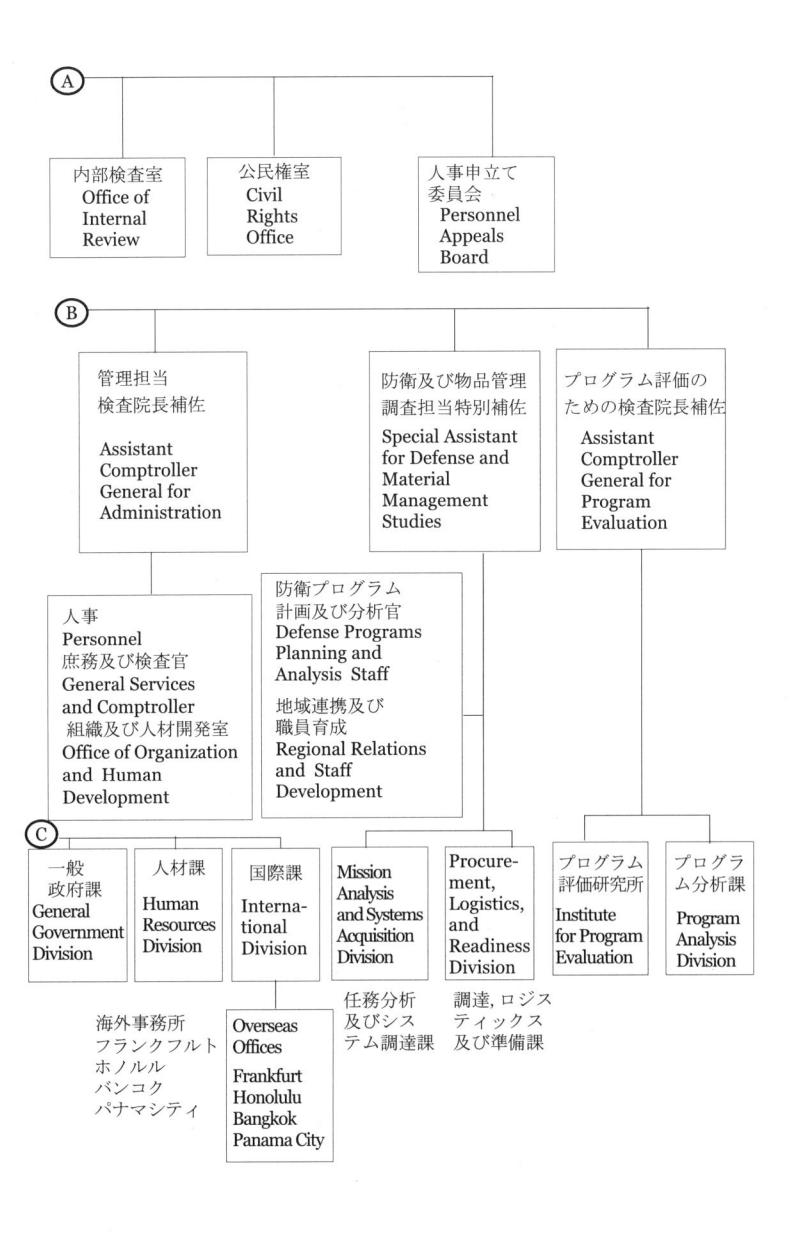

- Ⓐ
  - 内部検査室 / Office of Internal Review
  - 公民権室 / Civil Rights Office
  - 人事申立て委員会 / Personnel Appeals Board

- Ⓑ
  - 管理担当検査院長補佐 / Assistant Comptroller General for Administration
    - 人事 / Personnel
    - 庶務及び検査官 / General Services and Comptroller
    - 組織及び人材開発室 / Office of Organization and Human Development
  - 防衛及び物品管理調査担当特別補佐 / Special Assistant for Defense and Material Management Studies
    - 防衛プログラム計画及び分析官 / Defense Programs Planning and Analysis Staff
    - 地域連携及び職員育成 / Regional Relations and Staff Development
  - プログラム評価のための検査院長補佐 / Assistant Comptroller General for Program Evaluation

- Ⓒ
  - 一般政府課 / General Government Division
  - 人材課 / Human Resources Division
  - 国際課 / International Division
    - 海外事務所 / Overseas Offices
      - フランクフルト / Frankfurt
      - ホノルル / Honolulu
      - バンコク / Bangkok
      - パナマシティ / Panama City
  - 任務分析及びシステム調達課 / Mission Analysis and Systems Acquisition Division
  - 調達, ロジスティックス及び準備課 / Procurement, Logistics, and Readiness Division
  - プログラム評価研究所 / Institute for Program Evaluation
  - プログラム分析課 / Program Analysis Division

はこれを重視してこなかった。また後者については，スターツ院長は「最高会計検査機関国際組織（INTOSAI[147]）」への参加を主導し，1968年に東京で開催の第6回国際会議にみずから出席した。それは，GAOにとって同会議への初の参加であった[148]。

プログラム評価活動の推進や，議会との密接な関係といったスターツ院長による業績は，後任のバウシャー院長にも引継がれていった[149]。業務内容の重点を変更し，議会などの関連機関との関係も変更するなど，その後のGAO業務の方向性を決めることにもなった大きな改革を，スターツ院長はどのような方法で進めていったのだろうか。そして，何が彼のイニシアティブを支え，可能としたのだろうか。

V.3.1. 関係説明－どのようにして起こったのか

(i) スターツの経験　　スターツは予算局（BOB[150]）に25年間勤めた。ケネディ政権とジョンソン政権期に副長官を務め，その後スターツはジョンソン大統領から直接，検査院長の打診を受け，それ

　　Office of Management and Budget），会計検査院長（GAO）によって1948年に設立。1966年に人事委員会（The Civil Service Commission. のちにThe Office of Personnel Management）も参加。政府全体の財務管理政策と実践を改善し調整することによって，政府プログラムの効率的・効果的な計画と運営に貢献することを目的に設立された(Joint Financial Management Improvement Program (1988), p. 1)。

(147)　The International Organization of Supreme Audit Institutions. これは，1953年に設立された，2006年12月現在185カ国及びEUをメンバーとする全世界的会計検査院の組織である。メンバー間の知識や経験の交換を行うことにより，政府監査能力の向上を図ることを目的としている。<http://www.intosai.org/en/portal/about_us>（アクセス日：2007年7月30日）

(148)　Tidrick (2006a), p. 57.

(149)　Tidrick (2006b), p. 60.

(150)　GAO設立法でもある1921年法によって，BOBは財務省内に設立された。局長は大統領任命である。その後1939年に大統領府に移管され，1970年にOMB（Office of Management and Budget: 行政管理予算局）と改称された。連邦予算の編成や執行を管理している。

に応じる形で検査院長に就任した[151]。1965年にジョンソン大統領は予算局主導の下に，政府機関のほとんどに「計画策定・プログラム作成・予算編成システム（Planning-Programming-Budgeting System (PPBS)）」の導入を指示した。そのためスターツは，予算局副長官としてPPBS導入のために働く経験をしている[152]。このPPBSとは，予算編成における意思決定の合理化・効率化を図るために予算配分に科学的方法を導入するものであり，具体的には，政策目標を達成するために可能なすべての代替手段の費用と効果を比較検討して，最も効果的な施策を選択し予算化する予算編成システムである。そのため彼はPPBSに関連する技術のすべてを知っていたという[153]。スターツは次のように発言している[154]。

> 私はいわゆるPPBSプログラムに関与していた。PPBSはもちろん評価を含んでいる。予算局で私たちは，個々のプログラムについて非常に多くの数の評価を行った。

この予算局でのPPBSの経験によってスターツは，その種の政策分析の方法が連邦政府プログラムを監督する際に議会にとっても役立つだろうし，そうした分析方法は従来からのGAOの監査機能の論理的拡張であると信じた。そして，それを他の人々にも迅速に納得させてしまった[155]。こうした経験は，GAOをプログラム評価に力を入れていく方向に慎重かつ着実に進ませることになった[156]。さらに，1950年代と60年代に予算局で行われた水平な組織機構にするためのリストラにも，スターツは携わった。そこで経験したのと同じようなより広い検証――GAOでは特にプログラム評価――の実現を，スターツは欲した[157]。

(151) Tidrick (2006a), p. 57.
(152) Mosher (1979), p. 175; Trask (1996), pp. 537-538.
(153) GAO (1989), GAO/OP-11-OH, p. 16.
(154) GAO (1993), GAO/OCG-1-OH, p. 34.
(155) Havens (1990), GAO/OP-2-HP, p. 6.
(156) Rourke (1978), p. 454.

また，スターツの予算局での経験は，GAO と議会との関係にも影響を与えることになる。スターツ院長は，GAO と議会との関係を，BOB/OMB[158]と大統領との関係に匹敵するものにしようと考えた。つまり，議会に対して，公平で客観的かつ専門的な情報・分析・忠告を行い，また，連邦プログラムを論評し，調整し，そして評価する役割を構想した[159]。このため議会連携室（OCR）を設置し，議会との関係を調整することに努めた。

　そして，スターツは議会によく知られており，多くの政治家からの信頼を得ていた。彼が検査院長の候補者として指名されるや否や，彼は非党派であるにもかかわらず熱狂的な歓迎を受けたという。上院政府運営委員会（the Senate Committee on Government Operations）は，満場一致で彼を検査院長に承認し，2日後には上院で承認された[160]。彼は多岐にわたる事柄について証言をしてきたが，特に，政府運営委員会に関連した証言を行ってきたという。この議会証言を通じた認知度の高さが，検査院長に選ばれた理由の1つであったとスターツは考えていた[161]。また，スターツは，共和党と民主党の両党の議員を非常によく知っていたため，当時 GAO に期待することをそのうちの何人かに尋ねて回ったという[162]。

　さらに彼は，連邦政府職員としての経験から，行政府の権力が議会よりも強くなっている現状認識に基づき，その権力の肥大化はプログラムに関する適切な情報を行政府が常に議会に提供しているのかどうかについての疑問を生じさせているという。だからこそ，議会はこれまでも，法の制定における議会の能力が減少していることに大いなる懸念を持ち，それを解決しようとしてきた（例：1946年立法府再編法[163]）。しかし，強力な行政府を監督することは容易ではない。そこで1970年法は，議会の行政監視義

---

(157) GAO (1990d), GAO/OP-13-OH, p. 4.
(158) OMB（行政管理予算局）は，BOB の改称後の名称。
(159) Mosher (1984), p. 151.
(160) Mosher (1979), pp. 171-172.
(161) Tidrick (2006a), p. 58.
(162) Tidrick (2006a), p. 57.
(163) The Legislative Reorganization Act of 1946

務に委員会や検査院長が直接関係することを義務付けた。委員会と同様 GAO も，政府プログラムの結果を評価・分析することは義務となる。こうして，議会自身の力で結論に至ることができるように，GAO は独立した立場から議会に行政府の活動に関する客観的分析や代替案などの情報を提供することが役割である，とスターツは考えた[164]。このスターツの考えは，彼が検査院長として行った1973年の委員会証言で明らかにされている。

  連邦政府に32年以上もの間，そのうち26年は大統領府（the executive office of the President）にいたのであるが，議会との関係において行政府の権力と影響力が拡大していると，私は次第に認識するようになった。比較的最近の，この権力の移行をもたらした1つの重要な要因は，連邦政府の規模と複雑さが増してきたことにある。……
  公聴会・報告書・非公式の協議を通じて，行政府の専門家や行政府からの情報の多くを議会は使うことができる。しかし，ある選択がなされる前に適切な代替案が十分に考慮されたのか，また，行政府は，プログラムが実行されていくプロセスや問題について常に議会に報告しているか，そして議会の行政監視活動を妨げるのではなく，支援する方法でこれらの情報を与えているか，という疑問を避けることができない[165]。
  GAO は特に，独立した立場から，行政機関が自らのプログラムの効果をどれほど良く評価できたと考えるかを，議会に報告することができる。そして GAO は行政機関の努力を補い，行政機関によって適切に扱われていない可能性のある問題についてより深く検証することができる。おそらく，このことはここで触れておくべきだと思うが，私たちは特定の法律やプログラムの決定のために議員に働きかけることはない。それどころか，私たちは議会自身の結論に到達する際に議会

---

(164) U.S. House of Representatives, Select Committee on Committees (1973), pp. 1-3.
(165) U.S. House of Representatives, Select Committee on Committees (1973), p. 1.

の役に立つような問題の明確化と，代替案の客観的分析を提供することに努める[166]。

予算局におけるスターツの経験は，主に次の4つの影響を，検査院長としての彼の考えや行動に与えたことがこれまでの説明に示されている。第一に，PPBSの経験から科学的手法を利用した代替案の検証の重要性を信じ，この論理的延長から，プログラム評価の実施を進めた。第二に，予算局と大統領との関係のように，GAOが議会に対して公平で客観的かつ専門的な情報や分析を提供する組織となるように努めた。第三に，予算局副長官として議会証言を行う機会が多く，認知度が高かった。このことは，彼のイニシアティブによる改革を議会に説得するのに役立ったと考えられる。第四に，行政職員として勤める中で行政権の拡大を認識し，そこから議会に提供される情報の信憑性については当然ながら疑問を持たざるを得ないと考えた。この議会と行政府の間に生じうる情報の非対称性を補完するために，GAOという，特定の法律やプログラムに利害関係がない独立した組織による評価・分析・情報提供の役割が重要であることを強調した。

　スターツは検査院長として活動する中で，さらに自身の信条を発展させている。そしてそれは，改革を主導する彼の行動を支えることになる。次にその詳細を説明しよう。

(ii) スターツの信条　　スターツは1921年法の目的に忠実であったために，GAOをプログラム評価活動の方向に進めたという。彼はまた，GAOによる代替案の客観的分析が，議会自身の結論に達する際に議会の役に立つ可能性を信じた。このことについて彼は次のように発言している。

　　私がGAOに行った時，1921年法の成立の歴史を見直すことにきわめて多くの時間を使った。そこで起きていた議論から，議会がプログ

---

(166)　U.S. House of Representatives, Select Committee on Committees (1973), p. 3.

ラム評価を念頭においていたことが，私には明らかであった。議論ではプログラム評価という用語を決して使わなかったが，例えば，私たちはプログラムが支出に見合ったものであるのか，そして私たちは出費の元をとることができるのか，それともできないのかについて知りたい，といったような発言を発言者がしているのを見るときに，これらの種類の発言の意味が明確になった[167]。

GAO の法的歴史は現代の GAO の姿にきわめて一致している。過去には，ある人々は法律上の実際の文言を読まずにきたかもしれないし，または，GAO がその方向に発展することを望まずにきたのかもしれない。注意深くその法律（および，その可決に至るまでの証言）を読むことで，GAO が何者であるべきかを私が理解することを助け，そして当時 GAO が行っていたことはそれと非常に違っていた[168]。

特に彼は1973年の議会委員会の証言において，政府活動が複雑化した当時の状況では50年以上前に GAO が設立された時よりもさらに，連邦政府プログラムの評価を使った議会支援の必要性が増しているという考えを示している[169]。

続いて，スターツは議会の義務としての行政監視の役割を制度化し，強化することが重要であると考えていた。彼は，予算局で PPBS を担当していた頃から検査院長就任初期までの期間における行政府と立法府の状況を，次のように説明している[170]。

　　私はジョンソン大統領の PPBS に関わっていた。それは本質的にたった1年の予算年度ではなく，5年間サイクルのインプットとアウト

---

(167) GAO (1993), GAO/OCG-1-OH, p. 34; Trask (1996), pp. 537-538 にも同様の記述あり。
(168) Tidrick (2006a), p. 58.
(169) U.S. House of Representatives, Select Committee on Committees (1973), p. 3.
(170) GAO (1987), GAO/OP-1-OH, p. 23.

プットを関連づける試みであった。行政府はもっと多くのプログラム評価を試み始めていた。

　この頃に，アーバン・インスティテュート（The Urban Institute）[171]が住宅都市開発省[172]を支援する目的で設立された。また，ランド・コーポレーション（the Rand Corporation）も同じ目的でつくられた。そして，制定法は有効でない限り価値がないという一般認識があった。

　私がGAOで抱いていた不満の1つは，行政監視にもっと大きな関心を議会に持たせようと努めたことにあったと思う。行政監視に議会の注意が向くようにするのは，決して終わることのない戦いである。行政監視は，例えば，あなたが規制を書いたり補助金をつくったりする新規法律を書くほど魅力のあるものではほとんどない。または，あなたが通過させた法律の効果を評価するというような困難な仕事をする以上に政治的にもっと興味深い何かをすることになるような新規立法を書くのと同じくらい，行政監視が魅力的であることはほとんどない。GAOは議会が行政監視に関与し続けるようにしていたと言いたいところだが，結果は決して一様ではなかった。

　スターツのこの発言から，行政府内にPPBSをきっかけとしたプログラム評価の活動が拡大しようとしていたこと，また，それを支援するシンクタンクが誕生していたことが分かる。その一方で，立法府は新規立法重視の態度を頑なに取っていたこと，それに対する不満から，彼は検査院長として行政監視への関心を増やすように議会に働きかけをする必要性を感じていたことが読み取れる。

　行政監視の遂行をデータで確認すると，ジョエル・D・アババック（Joel D. Aberbach）によれば，それに要した日数と作成したレポートのページ数のグラフ（1961－83年）から，スターツ院長の時期の初期にそれらの数が低い水準にあったことが分かる（図Ⅴ－7）[173]。

　(171)　次のランド・コーポレーションと同じく，アメリカのシンクタンク。
　(172)　The Department of Housing and Urban Development
　(173)　Aberbach (1990), p. 45, Figure 2-2: Oversight Days and Pages in the Fed-

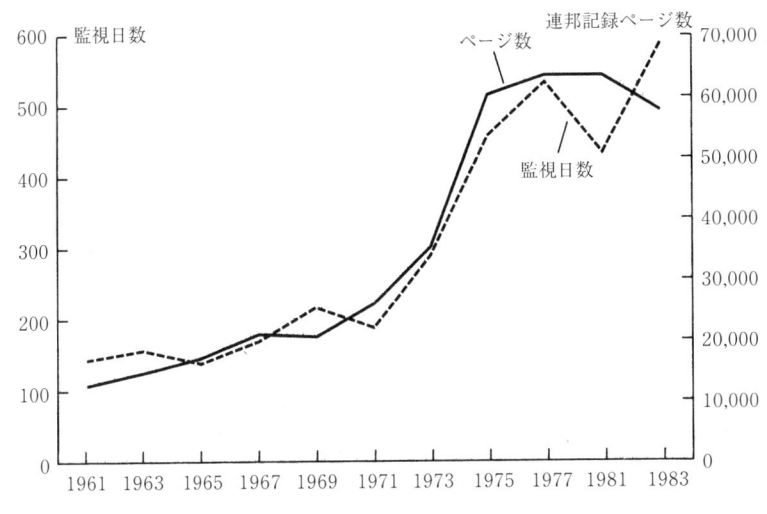

図Ⅴ－7　変化する行政監視：連邦記録における監視日数とページ数
（1961－83年）

出典：Aberback (1990), p. 45.

　さらにスターツは，政策策定者と社会科学の研究者の間での相互作用（ふれ合い）が増え，また，調査結果の提出期間に関して双方の明確な意思疎通がなされていることが，社会科学の利用を増やすことに繋がると考えていた。そのため，議会にとって GAO の分析の利用しやすさが向上するよう GAO の業務改善を図ることが必要であると考えた。具体的には，調査結果を，委員会の日程や，特定の立法や監視業務のニーズに合うようにする必要があった。それは，十分な時間と資源を与えられていない状況であっても，不正確な情報や誤解を与えるような分析を避けることに常に留意しなくてはならないことを意味していた。こうしてスターツ院長は，GAO の分析の正確さと利便性の間のバランスを取ることに細心の注意を払った[174]。

　これまでの説明から分かるのは，スターツ院長は，第一に，1921年法を

　　　eral Register, 1961-83.
　（174）　Staats (1980), p. 21.

60年代後半の状況を踏まえて読み直し，その法の目的から考えてプログラム評価の拡充は必須であり，第二に，議会は行政監視能力を強化する必要があり，第三に，評価のような社会科学を利用した分析の利用を増やすために，その利用者であるべき委員会のニーズを知るには双方の意思疎通が重要である，と信じたということである。さらに，スターツ院長は，多数の行政機関を含む評価（multiagency reviews）の重要性も強調している[175]。これらの信条は，彼のプログラム評価への意欲と，議会との繋がりの強化，そして，行政機関横断的分析の推進というGAO改革に彼の行動を向けた。

(iii) 検査院長の長期任用と，スターツの改革の運営手法

スターツは，運営を重視する特徴（a management type）を持っており，行政運営の評価やプログラム結果の評価を強調し，プログラムの会計面のみに多くの関心を傾けることはなかった。そのことは，GAO職員であったアドルフ・T・サミュエルソンの発言に示されている。

　スターツが入ってきたとき，彼は予算局（BOB）から来たにもかかわらず，財政志向の人間ではなかった。彼は，もっと運営を重視するタイプの男だった。それは，彼の関心に明らかに示されている[176]。
　彼は，運営の評価（management review）を強調した。もちろんその次に，これらのプログラム結果の評価に打ち込んでいった。彼は，プログラムの財政収支に多くの関心を示すタイプではなかった[177]。

こうした彼の特徴は，プログラム評価活動を強化する方向にGAOを改革していくことになる。また，その改革の運営手法も，参加型・合意形成型という彼独自のスタイルを持っていた。スターツ院長の時期の改革に携わったL・フレッド・トンプソン（1960－72年 立法府連絡室（OLL））は，次のように当時の様子を伝えている[178]。

---

(175) GAO (1989), GAO/OP-11-OH, p. 14.
(176) GAO (1989), GAO/OP-11-OH, p. 16.
(177) GAO (1989), GAO/OP-11-OH, p. 17.

私たちの業務をより機能的で効果的なものにするために立法府連絡室に在職している間に起きた最もよい事の1つが，スターツの主導によって始められた1週間に2度の職員会合であった。朝8時頃，私たちは検査院長と一堂に会し，1時間又は2時間のようにどんなに長い時間がかかろうとも，全ての問題を扱った。時々，課長や補佐たちも参加した。このことは，検査院長の態度と組織全体の姿勢がどのようなものであるのかについて，より良い感情を私たちに与えた。

この参加型・合意形成型について，スターツ自身は当時を振り返り次のように話している[179]。

　私たちは何を達成したいのか，そしてどこに行きたいのかについて，頻繁に説明した。私たちは果てしのない議論をした。多くの職員は，私たちの努力と話すことに使う時間量を非難した。しかし結局は，意見の一致に至る上で価値あることだった。

このスターツの考えは，インタビューを行ったキャラハンによる次の説明に詳しい[180]。

　反対者や日和見主義者らは，提案された変更のメリットを見るように促された。スターツは，タスク・フォース[181]で何をしているのかに

---
(178)　GAO (1990b), GAO/OP-14-OH, p. 25.
(179)　Callahan (2006), p. 162.
(180)　Callahan (2006), p. 165.
(181)　Trask (1991), p. 82 によると，このタスク・フォースは GAO 活動の効率性向上を目的につくられたものであり，1970年代後半に「チーム・アプローチ」に発展していくものである。これは，それぞれの課題にチームリーダーを選び，チームのメンバーは直接チームリーダーに報告をして仕事を進めていくことにより，既存の階層的な意思決定との関わりを最小化して，GAO 活動の厳格性ゆえに時間やコストがかかりすぎるという批判に対

疑問がある職員を招くことで，彼/女らが変革の過程の一部となるように努めた。このように，職員は変化を強制されたのではない。職員は意思決定過程に含まれながら，変化の一部となっている。その結果，彼/女らは，GAOが目指す新しい方向を支持するようになる。スターツは，この方法は進行を遅らせるが，しかし合意と支持は時間をかけるに十分に値することを認めている。

この時間を要する改革手法をスターツが取りえた理由について，彼は，同じくキャラハンによるインタビューにおいて，「事を急ぐのではなく，私は時間をかけた。なぜなら私は長期任命だと知っていたからだ」と答えている。これを受けてキャラハンは，「15年の任期が，他の公的管理者がその任命期間の短さゆえに経験することのない，変革の機会を与えた。そして，スターツはゆっくりと動き，彼のアプローチを適応させ，信頼を築くことができた」と分析している[182]。

まとめると，長期の任用期間に支えられた参加型・合意形成型のゆっくりとしたスターツの改革手法は，次のように行われたことが分かる[183]。スターツは，広く管理職クラスを意思決定過程に巻き込んでいった。例えば，OLL/OCRのような議会との調整を担当する部署での打ち合わせには，従来，OLL/OCR職員のみの出席を認めていたが，それ以外の職員も同席させるようになった。ただし，最終的決断はスターツ院長が行った。また，時間をかけた議論を行い，議論への参加者の合意と支持を得て彼/女らが

応しようとするものであった。しかし，このチーム・アプローチはうまく機能せず，間もなく廃止された（Mosher (1984), pp. 150-151によれば，このアプローチは1977年に採用され，1981年までには業務方法としては一般に放棄されたという）。その理由はいくつか言われているが一番には，チーム・アプローチの利用が選択性であるにもかかわらず，この制度が始められるとそれが義務化してゆき，これに対して組織内の反対意見が強まっていったことが挙げられている（Trask (1991), p. 83）。この廃止の理由は，Trask (1991), p. 83とMosher (1984), pp. 150-151に詳しい。

(182) Callahan (2006), p. 165.
(183) Trask (1991), pp. 93-94.

変革の一部となるように努めた。

　この参加型・合意形成型の改革手法は，改革がGAOの業務内容と議会など他機関との関わり方を大きく変えるものであったにもかかわらず，組織内部の反対勢力により頓挫したり，目的を見失いゆがめられたりすることなく改革が実現することを可能にした。

(iv) 3つの要因がGAO改革におけるスターツの行動に与えた影響

　上で説明した3つの要因（V. 3. 1. (i)（130－134頁），(ii)（134－138頁），(iii)（138－141頁））は，GAO改革におけるスターツの行動に影響を与えていく。具体的には，GAO内部での取り組みと，議会への働きかけにその影響が現れた。次にそれぞれを詳しく見ていくこととする。

(a) GAO内部の取組み

　GAO内部での取り組みとしてスターツ院長は，GAOの業務の性質が会計・財務運営監査からプログラム評価に重点が変更したことを受けて，評価者の数を増やし，職員を訓練し，会計学に限定されない多領域の専門家を積極的に雇用することを進めた[184]。具体的には，1968年度に初めてGAOは会計学と法学以外の分野から29名[185]の大学卒業生の採用を行った。翌年1969年度にはその数が190名となり，そしてその後増加していった[186]。

---

(184) Tidrick (2006a), p. 57. なお，スターツ自身も，弁護士でも会計士でもない。政治学，経済学，および経営学の博士号取得者である。このことは，それ以前の検査院長が，弁護士か会計士であったことから考えると異例とも言える。例えば，スターツ院長以前のマッカール（1921－36年）とウォーレン（1940－54年）は弁護士，キャンベル（1954－65年）は会計士であった。なお，スターツ院長以後のバウシャー（1981－96年）は会計学・経営学を修めた（検査院長任命直前には，会計事務所のアーサー・アンダーセン（Arthur Andersen and Company）のパートナー）。また，デイヴィッド・M・ウォーカー（David M. Walker）（1998－2008年）は会計士である（検査院長任命直前には，アーサー・アンダーセンLLPのパートナー）。

(185) Mosher (1979), p. 192 によれば，その内訳は11名が経営分析，9名が数学，6名が経済学，2名が統計学，そして1名が工学の専門である。

(186) Mosher (1979), p. 192.

スターツ院長の時期における，職員総数から一般事務員を除く専門職員（professional staff）数の推移を見ると，会計士及び監査人である職員数が徐々に減少する一方で，その他の専門領域の職員数が徐々に増加していることが次の図Ⅴ－8から分かる。

また，表Ⅴ－1に示される他専門領域の内訳から，多領域の専門分野から継続して職員を雇用していたことが分かる。

そして，専門職員の専門性の高さは上級学位の取得割合の高さから分かる。例えば，公表されている1976年の数字によれば，修士号取得者数と博士号取得者数を合計すると1,085人となっており，それは専門職員合計（4,142人）の約26％を占めている。上級学位（修士号・博士号）取得者の内訳は，表Ⅴ－2の通りである。

さらにGAOの高位の職員（例：副検査院長，検査院長補佐，課長）として，前職がほかの行政機関の職員であった人々を採用し，その多くが会計以外を専門としていた[187]。その結果，1980年頃までには，職員のおよそ半分程度が会計学以外の出身者で占められるようになる[188]。

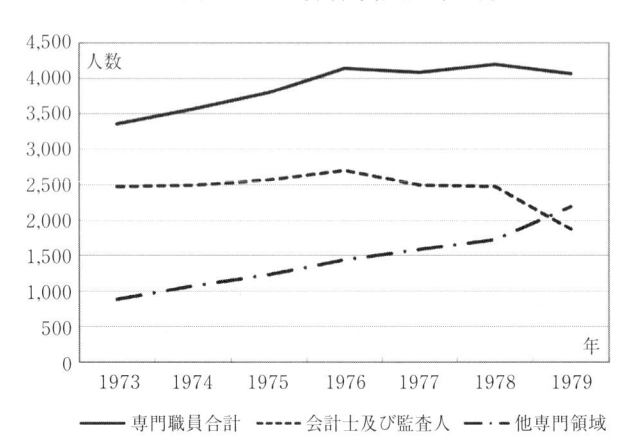

図Ⅴ－8　専門職員内訳（人数）

出典：GAO, *Annual Report*, 1973(p. 166), 1974(p. 180), 1975(p. 215), 1976(p. 221), 1977(p. 187), 1978(p. 10), 1979(p. 11).
留意事項：年報（*Annual Report*）に同分類で数字を明示しているのは73年から79年までであるため，この期間の変化を示している。

表Ⅴ－1　他専門領域内訳（人数）

専門領域	1973	1974	1975	1976	1977	1978
企業経営又は公共管理	567	486	531	584	630	708
弁護士	100	106	126	137	126	129
保険計理人及びその他数学者	62	87	103	106	111	112
請求裁定人	46	43	41	92	73	64
技師	24	31	36	28	27	27
コンピューター及び情報専門家	19	33	37	40	57	62
経済学及び他社会科学者	16	147	177	200	232	267
人事管理専門家	16	17	36	32	43	58
交通専門家	14	26	20	17	12	0
調査官（investigators）	6	0	0	0	0	0
その他	15	95	125	205	278	298

出典：GAO, *Annual Report*, 1973 (p. 166), 1974 (p. 180), 1975 (p. 215), 1976 (p. 221), 1977 (p. 187), 1978 (p. 10).
留意事項：他専門領域内訳については，年報（*Annual Report*）に同分類で数字を明示しているのは73年から78年までであるため，この期間の変化を示している。1979年からは異なる分類を採用しており，経年比較ができないため掲載していない。

また，職員教育として実地訓練（OJT）に加え，内部研修課程は，例えばシステム分析，自動データ処理，経営理論，定量分析技術といった高度な専門知識を要する，新しく，技術的な分野を内容とするようになった[189]。また，大学院及び学部のプログラム，又は研究機関が設ける管理職プログラムで学ぶための学費支援等も行っており[190]，職員の専門能力の向上を図っていた。

加えて，分析に必要な能力を確保するために，外部のコンサルタントの活用に向けてスターツ院長自らイ

表Ⅴ－2　専門職員が持つ上級学位
　　　　（人数）（1976年）

分野	修士号	博士号
会計学	179	—
企業管理/経営	370	7
財政学	79	—
行政学	104	6
経済学	61	13
国際関係	29	1
数学	24	1
社会科学	36	4
オペレーションリサーチ	16	—
人事管理	17	—
政治学	12	6
工学	12	2
コンピューター及び情報科学	20	—
教育学	13	2
その他	64	7
合計	1,036	49

出典：GAO, *Annual Report*, 1976, p. 222.

---

(187)　Mosher (1979), p. 192.
(188)　Sperry et al. (1981), p. 174.
(189)　Mosher (1979), p. 194.
(190)　GAO, *Annual Report* 1976, p. 224.

ニシアティブをとった。そのために，管理職クラスを説得するのに苦労したという[191]。例えばスターツは，政府活動や評価の経験豊富なシステムやプログラム分析の専門家をアドバイザーとして集め，GAO評価活動への支援体制をつくったという[192]。このことについてモシャー (1979)[193]は，スターツが2つの委員会をつくったと記しており，1つはその多くが議会や高位の行政職を経験した，財界や専門職集団からの著名なリーダー達から成る25名程度の委員会である。もう1つは，行政官や，物理学・工学・社会科学といった幅広い学問分野からの教授から成る25名程度の諮問グループであった。それぞれ年2回開催された。他に，課室でも外部のコンサルタントを活用し，特にエネルギーや経済問題を扱う等のより新しく設置された課室でその傾向が見られた[194]。

このように，スターツ院長は，プログラム評価活動の本格化に向けた人材を集めることに力を注いだ。それによって次に説明するような，議会のニーズへの対応能力がGAOにあることを示しうるだけの，組織力を準備していった。

(b)議会への働きかけ　スターツ院長は就任してすぐに，GAOの活動が議会の要望に合っていないことを知ることになった。GAOの役割に対する彼の当時の印象は，次のインタビュー[195]に現れている。

　……とても異常な様子であった。なぜなら，議会で私が話をした多くの人々から私が受けた一般的反応は，彼/女らがGAOは立派な組織でありよい仕事をしているが，議会のニーズに本当にとてもよく合っているとはいえない，というものであったからである。

　ラリー・パワーズ (Larry Powers) (スターツ院長の前任者であるキ

---

(191)　Sperry et al. (1981), p. 176.
(192)　Staats (1973), p. 6.
(193)　Mosher (1979), p. 195.
(194)　Mosher (1979), p. 195.
(195)　GAO (1987), GAO/OP-1-OH, p. 6.

ャンベル前院長の補佐官[196]）は、この GAO において私たちはその種の情報（全 GAO 活動量のうち、議会からの要請に基づく監査業務が占める割合[197]）を持っていないと言った。……彼は、私のところに戻ってきて、議会の要請に応じた GAO 活動の割合が、彼が特定できる限りにおいて大体 8 ％であると言った。

　このように、スターツが院長に就任した当初、GAO は議会をサービスの提供相手として捉える意識が希薄であり、議会にとっても GAO が役立つ組織であるとは考えていなかったことが窺える。スターツ院長は、GAO が持つ資源と潜在能力、およびその議会に向ける忠誠と献身といった印象を、議会のリーダーらに強く与えようと努力した。そのために、議会のニーズを把握し、議会にとって有用な組織になろうとした。具体的には、モシャー（1979）によれば、GAO は議会へのレポート数、議会証言を行う頻度、委員会に配属する GAO 職員の数、そして、議員やその職員に向けてのアドバイス業務のすべてを増やした。GAO 職員はすべての部署で、議会側の担当者らと身近な立場で共通課題に取り組むように促された[198]。これに加え、GAO レポートがより便利になるように、各レポートは専門用語を使わない要約で始まるようになった。また、前月に公表された GAO レポートの全てをリスト化し、それを毎月のニューズレター[199]として発行した[200]。また、議会連携室（OCR）を設立した。こうして、1969年から1977年までの間に、GAO 職員の総労働時間に占める議会への直接支援の割合が、約10％から35％に上昇した。

　ただし、上の通りモシャー（1979）は、委員会に配属された GAO 職員の数が増加していると指摘するが、数字を見ると、その程度はゆるやかである。表Ⅴ－3によれば、1965年に72名の GAO 職員が、19の委員会を支援

---

(196)　GAO (1988c), GAO/OP-4-OH, p. 21.
(197)　括弧内は筆者解説。
(198)　Mosher (1979), p. 187.
(199)　このニューズレターの発行は、1970年法が要求したものである。
(200)　Mosher (1979), p. 187.

表V−3　GAO職員による委員会支援

	1965	1967	1969	1971	1973	1975	1977
委員会に配置された職員数	72	106	73	91	68	95	102
GAO職員が配置された委員会数	19	23	14	21	19	35	25

(出典)　Mosher (1979), p. 280, Table 5

した。1977年には，102名が25の委員会を支援しており，ゆっくりであるが，割り当てられた職員数が増えるとともに，委員会の種類も多様化する傾向を示している。

　議会連携室 (OCR) は，議会との関係の密接化を目的に創られた。スターツ院長は職員の中から4，5人の若くて有能な人間を選び，OCRに配置した[201]。このOCRの活動は，キャンベル院長の時期には考えられないことだったという。GAOの歴史において，これは1つの転機であったことが，当時の職員であるアレン・R・フォス（Allen R. Voss）の発言から分かる。彼は1958年から1980年まで　GAOに勤め，政策室室長などを経験した。

　　ジョー・キャンベルのときは，私たちは連邦議会にあまり行かないように奨励された。エルマー・スターツは，監査を行う職員と連邦議会のスタッフとの間の関係を発展させることを，非常に切望していた。実際，委員長はときどき――私は2，3の委員会の委員長に国家事項について話し合うために会ったが――そのことをとても喜んだものだった。もちろん，私たちが戻ったときには，私たちは面談記録を書かなければならなかった。特に，私たちが議員と打ち合わせをする場合には，私たちはいつもスターツ氏と一緒に行くようにしていた[202]。ま

---

(201)　Callahan (2006), p. 162.
(202)　そもそもなぜGAOは，立法府の機関であるにもかかわらずOCRが必要であるのか，という質問に対してスターツは，議会とある機関の関係の特徴は，組織の長と議会のメンバーとの間の個人的関係の性質によって最初に決まってしまう，と回答したことが，OCR室長であったフィッツジェラルドの発言で明らかにされている（GAO (1990b), GAO / OP-14-OH, p. 22.）。

た，彼自身が会合を設定した場合にも，何人かの職員を同伴し，議員と面会した。

　OLL，のちにOCRは，連邦議会の状況をかなりよく把握していた。……大変多くの職員が日常的に連邦議会に足を運んでいた。彼/女らは，いつもそこにいた。

　スターツ氏は，この種の関係に問題があると考えていなかった。実際，そこでは，あなたはどんな仕事をしているべきかを見つけることができた。……[203]

　こうしてOCRの活動が続けられるうちに，スターツはOCRの職員に益々頼るようになっていく。スターツは，彼の職員に自信を持っていたために，彼が議会や委員会で証言をする時にはOCR職員を連れて行ったものだった，という。そうしているうちに，彼は議会が期待していることについてのアイディアを彼らに与えた。そして，彼は"議会のために知的な人々が働いているということを議会に知らせよう"とした。やがて，OCR職員はスターツと一緒になって，議会の前で証言を行うようになる[204]。

　スターツ院長は，以上のように，議会のニーズにGAOの業務が合うように努めた。そうすることでGAOレポートが使われ，そして，実際に何かが起こるだろうと期待したからであった[205]。

　上に示したGAOのサービスの改善のみならず，GAOの利用の前提となる行政監視機能に議会の注意を向けさせる必要があった。そのため，スターツ院長が議会に対して熱心に働きかけた様子が，当時のGAO職員のインタビューから伝わる。

　　マーティン・J・フィッツジェラルド

---

(203)　GAO (1991), OP-23-OH, p. 54.
(204)　Callahan (2006), p. 162.
(205)　Tidrick (2006b), p. 62. そしてこの考えは，スターツ院長の後任であるバウシャー院長も非常に重要なものであるとして，議会とのさらなる関係強化に取り組むことになる。

(1970-75年 議会連携室（OCR）所属弁護士，1977年 議会連携室（OCR）長）：

> スターツは議会が行政監視の役割を制度化することが重要であると強く信じていた。例えば，チャンスがあればいつでも，彼は皆に行政監視の小委員会をつくる権限を委員会に与えるよう強く迫った……彼は行政監視を，議会の成立時に期待されたようには十分もたらされていない，議会の重要な機能であると感じていた[206]。

スミス・ブレア（1973年，初代議会連携室（OCR）長）：

> スターツは議会の行政監視責任を発展させようと試みた。そして，議会はこの自らの責任を果たそうとはしていなかった……だから，私たち GAO の売りの1つは，この行政監視義務を満たすために議会を支援できると提案することにあった[207]。

しかし同時に，スターツは，GAO の独立性を確保することも重視し，GAO 主導の調査が全調査活動量のある一定量を占める必要性を感じていた。そのために，議会からの要請による仕事の割合を，GAO の全活動量の約35％を上限にしようとした[208]。また，GAO の独立性を維持するために，15年の検査院長の任期を短縮しようとする議会内の動きを，スターツは食い止めた。例えば，ジャック・ブルックス（Jack Brooks）民主党議員は上院政府運営委員会の議長であり，彼は検査院長の任期を短くしたがったが，スターツは彼を説得してそれを止めさせたという[209]。他に，スターツは，検査院長の選定における政治的影響をより少なくするために，選定方法を変更[210]することを提案している。

---

(206) GAO (1990b), GAO/OP-14-OH, p. 46.
(207) GAO (1990b), GAO/OP-14-OH, p. 26.
(208) GAO (1990b), GAO/OP-14-OH, p. 30.
(209) Tidrick (2006b), p. 62. 前出31頁註51。
(210) 変更の概要は Trask (1991), GAO/OP-3-HP, p. 76 を参照。

スターツ：私は下院と上院が，両院のリーダーで構成される委員会を設け，少なくとも2名の候補者を大統領に推薦できるようにすることを提案した。彼/女らは，その考えを気に入ったように見えた。私はそれがかなり良く機能してきたし，選定過程が内在的に政治性を弱めたと信じている[211]。

さらに，彼はGAOのプログラム評価を明示的に義務化し，その実施を支える内容を規定した1970年法と1974年法の成立のために働きかけをしている。それは次のインタビューから分かる。まず，1970年法についてエシュヴェーゲは次のように答えている[212]。

トラスク：翌年（1969年に反貧困プログラムの評価レポートを提出。その翌年1970年のことを指す[213]）に議会は立法府改革法を可決し，その文言の1つが，GAOに政府プログラムの結果を評価・分析させるとともに費用便益分析の実施を義務付ける，というものだった。それはこの経験の直接的結果であるか。

エシュヴェーゲ：それが直接の結果とは信じられない。あなたも知るとおり，その法は約5年の間計画されてきたためである。その法律の後援者は，それを通すのに苦労していたと思う。エルマー・スターツは上院政府運営委員会のアブラハム・リビコフ（Abraham Ribicoff）と，その法律を通すためによく一緒に働いていた。スターツ氏が多くの助力をしていたことは確かだろう。しかし，私はいつも，それは最終的にニクソンが現れ政権が変わったときに，解決されたと考えていた。議会がなお民主党多数であり，それは今日[214]のように大統領府に別の政党を伴いながら議会を運営していた[215]。

---

(211) Tidrick (2006a), pp. 56-58.
(212) GAO (1993), GAO/OCG-1-OH, pp. 75-76.
(213) 括弧内は筆者解説。
(214) インタビューは，1992年9月16日に行われた。

エシュヴェーゲ：私の理論は，その種の法律を議会が通過させ，そして，次のように言うこと，つまり，「そうだ，共和党政権がどれだけよく仕事をしているのかを，GAO に評価させよう」と言うのは，そうした時により容易に実現するというものである。確かに，審議の間に，反貧困プログラムのプログラム評価について何度か言及があったことを私も知っているが，この法律はかなり長い間作業中であった。スターツ氏が個人的に上院と協働し，おそらく下院とも同様に協働していたことを私は知っている。それは，現れるのが決まっていて，その時が適切だった。

また，1974年法の成立においても，スターツ院長は多くの貢献をしたと言う[216]。具体的には，スターツは1972年に上下院委員会議長に次の内容を懇願する書簡を送っている[217]。

議会は，新規プログラムの認可，既存プログラムの再認可，または法律の認可において，実施中のプログラムの結果に携わる各省庁が行う体系的評価のために必要な特定の法令上の条件に，注意深い考慮を与える必要がある，と私は主張する。

加えて，スターツは1973年に予算統制に関する合同調査委員会[218]の前で証言を行い，予算に関する議会統制の改善を提案した。また，予算の熟考と監視のための新しい立法制度の一部として，GAO の利用の可能性を詳細に説明した。具体的には，予算根拠の分析，職員の割り当て，情報と分析

---

(215)　筆者解説：ニクソン政権（共和党）のときに，上下院の多数党は民主党であった。
(216)　GAO (1993), GAO/OCG-1-OH, p. 76.
(217)　Comptroller General Staats, Letters to House and Senate Committee Chairman, GAO, Washington, D.C., August 11, 1972. ここでは，Sperry et al. (1981), p. 38 に引用されたものを利用。
(218)　A Joint Study Committee on Budget Control

のためのデータの獲得，そして議会のための予算・財務・プログラムに関する情報の向上といったGAOの役割であった。これらのGAOの拡大した役割は同年の合同調査委員会の最終報告書に含まれ，新しい予算法を考慮する際の土台となる[219]。こうして，1974年法は成立することになった。

これまでの説明をまとめると，こうしたスターツ院長が持つ(1)予算局での経験，(2)信条，そして(3)参加型・合意形成型の運営手法といった要素は，議会の潜在的・顕在的要望に応えることに彼の行動を向けることになった。彼はGAOの仕事の性質や人材を変え，GAOは徐々に連邦政府のプログラムの効果や効率性を検証するようになった[220]。また，議会による行政監視機能の強化，検査院長任期の削減に向かう動きの阻止，GAO活動の活性化に向けた立法作業への貢献，委員会へのGAO職員の派遣，レポートを利用しやすくするための策を実施するなど，議会への働きかけを精力的に行った。これらのスターツ院長の先を見越した行動アプローチは[221]，GAOの

---

(219) Mosher (1979), p. 188.
(220) Tidrick (2006a), p. 57.
(221) Walker (1986) は，「外の世界を見る "watch outward"」という資質をスターツが持っていたと説明している。それは，組織をとりまく環境の変化を察知し，それに伴い業務内容の変更が避けられないことを認識し，そしてその変更を確かにするために組織戦略や構造を変える行為を指す。これが組織文化の変化におけるリーダーの役割として重要であるという（pp. 138-139)。ウォーカーのいう「組織文化」とは，イデオロギー，慣習，組織内で広く知られている根拠のない説，および組織自体・組織を取り巻く環境・組織の過去が生み出す知識によって構成される（p. 7)。特にウォーカーは，スターツが1970年代に議会委員会と予算改革を適切な方向に導くために議会委員会の前で証言したことで有名であり，また，各連邦政府機関に独立した監察総監（inspector generals）を創設するための法案の通過に努め，さらに，州など地方政府による監査の質の向上を求めたことを挙げ，外部環境からの要因によってGAOが衝撃を受けないように外部環境を見極めるように注意していたことを紹介している（p. 139)。こうしてスターツは，GAOの組織文化が「厳格な規則を使う政府支出の管理（control)」から，「政府プログラムの効果や行政運営の効率などを評価するという，政策と公共管理を監視または検査する活動（oversight)」に向けて変化するために，組織戦略と構造を変えたという（p. 5, 13)。このスターツの

監査範囲の拡大の推進，議会や国民への奉仕といった，現在にも続く GAO 活動の基盤をつくることになった[222]。

V.3.2. 理由－なぜ起こったのか

　スターツ院長のイニシアティブによる GAO 改革が進展した理由については，次のように考えることができる。彼は以後の政府のあり方とそれを支援する GAO のあり方について，明確なビジョンを持っていた。そして，彼個人の資質と，彼が持つ改革の実行を可能とするツールは，改革に対する彼の態度によって効果的に機能した。

　具体的には，彼のビジョンとは，連邦政府の肥大化に伴う弊害の是正であり，そのために議会による行政監視と GAO による支援が必要であるというものである。彼個人の資質として特徴的なのは，非党派性であり，また，行政府の長である大統領からも議会からも得ていた深い信頼である。さらに行政府高官としての豊富な経験は，政府活動に関する洞察力を養っていた。

　実行を可能にするツールとは，彼が予算局で経験した PPBS の経験や，予算局と大統領府との関係という具体的イメージによる統率もしくは職員の説得である。これらの論理的延長として，プログラム評価と議会支援の拡大を目指した。もう１つのツールは，15年間という長期の任期に支えられた，参加型・合意形成型の組織運営である。これにより，会計士集団という特徴を持つ組織を，より学際的なアプローチによる評価活動に向けて，大きな抵抗に出遭うことなく，徐々に変化させていくことになった。

　そして，スターツは，ビジョンの実現のために上述のツールを使いながら，だれか他の人に任せきりにするのではなく，直接的に改革を主導していく。ビジョンを共有するために，多くの職員を彼との議論の場に呼び込

　　　行為と比較して，キャンベル検査院長がホリフィールド公聴会で失敗に終った原因を「外の世界を見る」資質の欠如であり，GAO の業務で利用する手法が議会のニーズと合っているかどうかを検討しなかったことにあると指摘している（p. 139）。
　（222）　Callahan (2006), p. 161.

む一方で，議員と GAO 職員との会合に彼も積極的に出席した。GAO によるプログラム評価や議会支援の実行を支える法律や，議会の行政監視機能を活性化させるための議会証言などの動きにも，多くの貢献をした。こうして議会との関係の密接化を進めるとともに，プログラム評価の実施にも初めから終わりまで具体的な指示を出すなど，プログラム評価に関する細かな実務の進展も助けた。その一方で，GAO の独立性の維持のために，予想以上に拡大する議会支援のための活動量を制限する方針をとることによって，立法補佐機能の強化と独立性の維持を両立させようとした。

さらに，スタッツは，GAO と議会にとどまることなく，アメリカ国内の予算管理機関や他国の会計検査院との関係を強化することで，潜在的に監査コミュニティに発展しうる基盤づくりの端緒を開いた[223]。

こうしたビジョン，資質，実行を可能とするツール，および積極的な態度といった特徴を持つスタッツという改革に適した人物が，第1観点で説明した1960年代後半頃の政治・社会環境，そして第2観点で説明した GAO の内部環境の中に現れたことが，重要である。つまり，適切な時に適切な人物が現れたことが，GAO の変革をもたらした理由であると考える。

Ⅴ.3.3. さらに検討が必要な事項

しかし，適切なときに適切な人物が現れるということは改革にとって不可欠であるが，十分ではない。適切な人物がどこに現れたのかも重要である。その「場所」について考える必要がある。GAO は，統治機構上，立法府を補佐する独立機関である。この「立法補佐」と「独立性」という位置づけが及ぼした作用について，のちほどⅤ.5.3. とⅥ.1. で検証していく。

---

(223) さらに，スタッツは議員と一緒に，バージニア州で開催された会合の1つに出席した。そこではコロンビア大学の研究者が，政府のアカウンタビリティの概念について政府高官らと議論することを望んだ。ここでの議論を通じて3つの方法のアカウンタビリティの概念，つまり，財政アカウンタビリティ（financial accountability），運営アカウンタビリティ（managerial accountability），プログラム・アカウンタビリティ（program accountability）をスタッツは知ることになった。このことが彼の考えを鋭敏にしたと，スタッツはインタビューで答えている（Callahan (2006), p. 164）。

V.4 対抗説明と退ける理由

これら3つの観点からの要因がなくても，GAOの機能変化と議会との距離の変化を説明できるだろうか。例えば，第1観点の政治・社会的要因がなくとも，それらは，第2観点のGAOの内部要因と第3観点のスターツ院長という要因の2つによって起きただろうか。同じように，第2観点がなくとも，第1観点と第3観点の要因によって生じたと言えるだろうか。また，第3観点がなくても，第1観点と第2観点によって生じたと説明できるだろうか。

V.4.1. 第1観点がなく，第2・3観点のみの場合

GAO内部の日常業務の中でプログラム評価の活動が必要であるという考えが現れ（第2観点），この動きの重要性を共有し，評価に類似した活動の経験を持つ者が検査院長に就任し，評価の実施と同時に，議会に対する行政監視機能の強化に向けた働きかけを進めるならば（第3観点），政治・社会的要因（第1観点）がなくても，GAOの機能変化と議会との距離の変化は起きたという説明は，成り立つだろうか。

それら2つのGAO内の要因だけでは，従来GAOでほとんど実施されてこなかったプログラム評価が中心業務となったことも，また，GAO評価に対する組織内外の自信と信頼を得て議会からの要請を増やすことも，難しかっただろう。なぜなら，GAO内部でその重要性が気づかれ始めた段階のプログラム評価の活動（第2観点）がその後拡大していき，また，議会からの要請がほとんどない状態からその数が増大していったという事実は，政治・社会的要因（第1観点）との関連で説明することが避けられないからである。

初の本格的な評価活動のきっかけとなった反貧困プログラムの評価は，これを中心政策に据えた民主党大統領から共和党大統領に交代となる可能性が高い政局の下，共和党議員のイニシアティブにより経済機会法の修正という形で始まった。この反貧困プログラムの評価の成功をきっかけに，GAO職員も議員もGAOの評価能力に自信を持ち始め，その活動の拡大を

図った。また，ホリフィールド公聴会での政治的圧力を受け，従来型の監査業務は縮小した。そして，GAO による行政活動の評価が本格化していくほど，独立機関の暴走であるかのように議会・行政府・国民が批判する可能性を高めるが，それを回避するためにも GAO による評価実施の正当性が必要となる。このために，議会からの評価要請数の増加が不可欠であり，また，立法作業を好む議会の習性を考えれば，見直し作業の増加には国民による議会の行政監視能力への疑いが必要であった。実際，ウォーターゲート事件などによって国民は，議会が持つ情報収集・行政監視能力に強い不信を抱くようになっていった。また，GAO への評価の義務化とそのために必要な情報入手権限や室の設置などの許可を議会は与えた。これらのことから，GAO 内部で芽生え始めた変化を，GAO の機能変化と議会との距離の変化にまで結びつけるには，政権交代，反貧困プログラム評価，ホリフィールド公聴会，ウォーターゲート事件，議会機能に対する国民の不信感，そして立法化などの政治・社会的要因との関連が必要であった。

　他方，スターツ院長の行動（第3観点）も，政治・社会的要因との関連なしには成り立たない。行政権の拡大を印象づけた事件（反貧困プログラム・ベトナム戦争・ウォーターゲート事件など）と，そうした状況下で予算統制を目的とした PPBS[224] の導入をスターツは予算局で経験したことによって，議会による行政統制と科学的分析手法の利用の重要性を強く認識した。そのために，行政監視機能の強化とその支援に役立つ GAO となるための改革をスターツは強調し主導した。

　これまでの説明から，第1観点が第2・3観点と関連し，支えていることが分かる。

V. 4. 2. 第2観点がなく，第1・3観点のみの場合

　議会の行政監視機能の強化や独自情報の収集能力および分析能力の確保が緊急の課題として浮上し，また，議会改革に伴い行政府以外からの情報の入手に議会の積極的な姿勢が現れるようになるという動きは，立法化を

---

(224)　詳細は，宮川（2002），pp. 36−43.

通じてGAOに評価・分析を義務付けることにつながった（第1観点）。そしてそこに同じく，議会の行政監視機能の強化を支援するために行政活動の効果の検証を行うプログラム評価の導入の実現を目標に掲げた検査院長が，長期の任命期間を利用して内部の抵抗を少なくする参加型・合意形成型の手法によって組織改革を実現すれば（第3観点），GAO内部の漸進的変化（第2観点）がなくても，GAOの機能変化と議会との距離の変化は起きたという説明は，成り立つだろうか。

たしかに，組織トップの指示と法的義務づけがあれば，それらの変化は始まっただろう。しかし，それらの変化の端緒である反貧困プログラム評価の成功や，それに伴う評価活動への職員の自信と議会の信頼を得ること（第1観点）は，実際ほどはうまくいかなかったと考えられる。なぜなら，GAOは義務付けられる前にすでに，監査業務の中で必要性を感じ散発的にプログラム評価の実践を始めており，また，監査基準の見直しも進めていた（第2観点）。これは反貧困プログラムという大規模プログラムを評価する足馴らしとして機能したと考えることができる。さらにプログラム評価タイプの業務の必要性が組織内部で全く認識されていなければ，スターツ主導の改革は大きな抵抗にあっていたと考えられる（第3観点）。実際，スターツは，GAO職員がすでにこうした変化への準備ができていたことが，改革に関する彼の考えを受け入れることを可能にしたと指摘している。

これまでの説明から，第2観点が第1・3観点と関連し，支えていることが分かる。

V.4.3. 第3観点がなく，第1・2観点のみの場合

議会の行政監視機能や情報分析能力等の向上を図るためにGAO評価が義務付けられ（第1観点），GAO内部で変化への準備がなされていれば（第2観点），スターツが検査院長（第3観点）でなくても，GAOの機能変化と議会との距離の変化は起きたという説明は，成り立つだろうか。

やはりこの説明も成り立ちがたい。なぜなら，GAOと議会の行政監視機能との関わり方やGAO内部の改革方法，そして議会への働きかけ方というような，議会の変化（第1観点）とGAO内部の変化（第2観点）との

間を調整する役割が不可欠であったためである。

　スターツは，まさにその調整者として最適の位置に最適な人物として居たと言える。予算局での経験から，議会が抱える問題意識（行政の肥大化とその不十分な統制）を共有し，行政監視機能の強化にGAOが役立つことをアピールした。院長就任前すでに，非党派的に議員から信頼を得ていたことがこの議会への働きかけを可能にした。また，GAO設立の意図にまで遡り，議会が必要としている行政活動の効果の検証がGAOの使命であると考え，また，予算局でのPPBS導入の経験を活かしプログラム評価の全ての工程に細かく指示を出し，組織内人事と業務内容の変革に対する職員への説得を進めた。

　このようにすでに芽生え始めていた，議会における行政監視機能の不足の認識と，GAO内部における従来の財務監査業務では不十分であるという認識とを，スターツは「議会支援のためのGAOによるプログラム評価」として具体化し，それを議会とGAO内部に積極的に働きかけていった。その改革の方向性も，議員からの意見聴取や，広くGAO職員の参加を促した定期的な会合というスタイルで決めていったことが，適切な議会のニーズの把握とGAO内部の体制の基礎を彼の任期中に作り上げることを可能にした。

　これまでの説明から，第3観点が第1・2観点と関連し，支えていることが分かる。

　以上のとおり，3つの観点すべてが関連し合いながら変化が起きたと説明することができる。ただし，これらの要因はアメリカに特徴的な政治文化，例えば，政権交代の存在や，各議員が党議拘束に縛られないなどの要素に影響を受けていると考えられる。実際，政権交代は前政権の政策を評価するという機会を生んだ。また，党議拘束に縛られないからこそ，例えば，多数党の委員長の意向が決定事項となってしまわずに，異なる主張やそれを裏付ける調査などを利用した議論の可能性が常に存在することになる。

　さらに，この3つの要因によって成り立つ因果関係は，党派性，委員会間の権力の均衡，GAOに関する議会内の意見，およびGAOの「独立性」

などの要因に影響を受けている。この点については次章で説明する。

V.5　因果関係に影響を与える要因

本節では，GAOの機能変化と議会との距離の変化を説明する3つの要因に影響を与えた新たな3つの要因について説明していく。

図V－9　因果関係に影響を与える3要因

```
         議会 ←――――――→ GAO
                 ↑
    権力均衡の作用／議会内の意見／GAOの独立性
```

V.5.1.　権力の均衡（政党間／委員会間）

党派性は反貧困プログラムを評価するという決定に影響を与えた。共和党議員が，民主党大統領から共和党大統領に政権交代する可能性を見極め，反貧困プログラムの評価をGAOに義務付けることになる経済機会法の修正を主導した。

他方，委員会間の権力均衡への配慮は，評価活動を担う場所を委員会の外に求めた。これは，スターツの次の発言に示されている[225]。

> トラスク：1970年法は反貧困プログラムの評価（プラウティ・プログラムズ）でのGAOの働きの結果であったのか，それとも，それまで蓄積されてきた何かを理由とするものだったのか。予算局にいた時でさえ，評価に関心があったとあなたは言ったが。
> スターツ：ディック・ボイリング（Dick Boiling）とマイク・モンロニー（Mike Monroney）[226]は議会が行政監視を行う能力がないことを気にかけていた，と私は思う。あなたは1970年代に現れたサンセット法の考え方を覚えていると思う。私たちはその法律について

---

(225)　GAO (1993), GAO/OCG-1-OH, p. 44.
(226)　1951－1969年　アメリカ上院議員。

何度か議会証言を行い，そして彼らは，あなたはそれをどのように議会で行うのかと，私に迫り続けた。私は，議会予算局と予算委員会[227]をあなたたちは持つようになると言った。しかし，ある上院議員は，それでは予算委員会に過剰な権力を与えてしまうことになるだろう，と言った。そこにはそれをすることができる唯一の場所が残されていた。そしてそれがGAOだった。

このようにして，委員会間の権力均衡を保つ配慮として，議会の委員会の外にあるGAOという組織に評価活動を担わせたことに加え，GAOからの情報は特定の委員会に報告されるのではなく，広く提供されることが求められた。スターツは議会が行政監視の義務を果たしていない状況を目にし，議会がGAOを利用することでその機能を強化するよう働きかけた。彼は，かつてGAOは政府運営委員会（the Government Operations committees）にのみ情報提供を行っていたことがあり，それがGAOに対する他の委員会からの反発を呼んでいたため[228]，より広範な委員会を視野に入れて情報の提供を行うことに，議会の行政監視機能を高めるためのアプローチを転換したという。こうしてGAOが行政監視を軸に多様な委員会と関わることで，結果的に特定の委員会の意見を弁護しているのではない中立の組織であることを説得していったことが分かる[229]。このことは，次のスミス・ブレアの発言[230]に現れている。

---

(227) The Congressional Budget Office（議会予算局）とThe Budget Committee（予算委員会）は，1974年法（the Congressional Budget and Impoundment Control Act of 1974）によってつくられた。

(228) Rourke (1978), pp. 455-456によれば，こうしたGAOが権限を拡大すれば，政府運営委員会の権限を増やすことになり，他の委員会の領域にまで踏み込むことになるのではないかと議員の多くが恐れ，GAOの権限拡大をためらった。

(229) また，1921年法は歳入・歳出予算・支出に関わる委員会の支援がGAOの役割であると規定していたが，1970年法はその範囲を拡大しすべての委員会がGAOの支援対象になった（GAO (1990b), GAO/OP-14-OH, p. 28）。

(230) GAO (1990b), GAO/OP-14-OH, p. 26.

全ての私たちの仕事が政府運営委員会に向けられてきたという事実
　　は，銀行委員会（the Banking Committee）との関係を進展させる際に
　　最初に問題となった。なぜなら，銀行委員会のスタッフが私と話をし
　　ようとしなかったからだ。当初，私は中に入り彼に会うために非常に
　　難しい時間を過ごした。そして，ついに私は障壁を取り除き，その委
　　員会と良好な関係を築いた。
　　　問題は，私たちの組織が全レポートを政府運営委員会のみに差し向
　　けたことにあった。その委員会が全般的責任を負っていることは事実
　　である。しかし，私たちの組織が行政監視義務を持つ他の委員会にも
　　意識を向け，関係を進展すべきであるという点で過ちを犯していた。

委員会間の権力を均衡させようとする力は評価機能を GAO に置き，ま
た，関わる委員会の範囲が広がることで，多様な政策課題と GAO が関係す
るようになった。ここにも，情報を必要としていた議会と，評価業務へ動
き始めた GAO が出遭う状況がつくられた。

Ｖ．5．2．GAO に関する相反した意見

　GAO の変化について，議会の中には，一方で，GAO の権限の拡大を行
政権力との競合として肯定的にとらえる意見もあれば，他方で，GAO が独
立性を失うリスクを心配して否定的な意見もあった。
　まず GAO の機能拡大に対する議会の肯定的姿勢は，1970年法と1974年
法の制定によってプログラム評価実施の権限を GAO に与えたことに現れ
ている。また，Ｖ．1．1．(i) で紹介したウィリアム・プロクシマイア元上
院議員（1957－1989）の発言には，GAO が独立した機関としていかなる利
害関係からも自由であり提供する情報にバイアスがない，という議会側の
信頼感が示されている。
　しかし他方で，1978年のロウルケの論文は，1920年代から1970年代まで
の GAO に関する見解を振り返り，否定的意見として次のようなものがあ
ったことを説明している[231]。まず始めに1920年代には，一般に GAO 活動

の業務範囲の特定に関する議会の意思はあいまい，かつ/又は矛盾していたという。そのことは，「公的資金の領収書，支出，要請に関連するすべての事項」を調査することを義務付けた最初の1921年法が広く権限を授与したと読むこともできるし，狭く会計用語として読むこともできることに表れていると，ロウルケは説明する。次に1940年代には，多くの議員は，GAO が伝統的権限の範囲を超えるように見えることを行うのを好まなかったという。そのことは，GAO に行政機関の支出分析の権限を与える1946年立法府再編法（the legislative reorganization act）の成立を議会は承認したにもかかわらず，実際には後でウォーレン検査院長が GAO 活動を拡大するために要請した100万ドルの資金提供を拒んだことに表れていると説明する。そして1970年代には，GAO が予算プロセスのさまざまな局面において関与しようとすることや，新しくかつ高度に政治的な分野に勧告（recommendation）を載せるレポートを発行しようと努めることを，不快に思う議員もいたと説明している。

　ロウルケは，こうした反対意見にはいくつかの理由があるとしている。第一に，GAO が政策分野に関わるようになると政治的なものに巻き込まれることになり，党派性やバイアスのない立法府の機関としての効果を損なう恐れがあるからというもの，第二に，測定が難しい社会プログラムの評価に従い出された勧告は，会計監査による勧告のように権威ある意見としては受け入れられにくいからというもの，第三に，もし GAO の勧告どおりに議会が動き，GAO が特定のプログラムに関心を持ち始めることがあれば，その独立性・信頼性が損なわれる恐れがあるからというものであった。また，GAO の統治機構上の位置づけについても懸念が示された。つまり，どの程度 GAO が独立機関であり，また，議会の補佐機関であるかという問いである。具体的には，GAO が調査に必要な情報を入手できない時に直接司法に訴えることができるようになれば，GAO に対する議会のコントロールが弱まってしまうだろうと考えられた[232]。

---

(231)　Rourke (1978), pp. 455-456.
(232)　議会内の GAO に対する肯定・否定的意見以外に，ロウルケ (1978)，p. 456は GAO に対する複雑な感情の存在についても次のように説明してい

しかし，実際の動きはこのロウルケ（1978）が紹介した反対意見に沿うようにはなっていない。1970年法と1974年法によってプログラム評価の権限が付与され，GAOの業務範囲は会計監査に限定されず広く設定された。また，1940年代のウォーレン検査院長の時期にGAO予算は増額している。例えば，就任した1940年は10,531,540米ドルであったが，最終年の1954年には31,981,000米ドルとなった[233]。そして，GAOの勧告数については，例えば，1970年に13件であったのが，1977年には74件にまで増加している[234]。これらの勧告は議会に報告されている。またその後の継続的発展により，2001年度には1,752の勧告が行われ，そのうちの85％が2005年度末までに行政機関によって実行されるまでに至っている。このように，GAOのプログラム評価における勧告は受け入れられており，このことから，GAOの調査の信頼性が損なわれているということはできない。また，すでに第Ⅱ章の脚注55（32−33頁）で説明したとおり，1980年法は，制限付きながらもGAOが情報入手のために司法の強制力を求めることができるようにしている。また実際の運用を見ると，本文冒頭で示した国家エネルギー政策策定グループの参加者名の情報開示請求に関する訴訟の例では，9人の議員の要請に基づくGAOの調査であったが，実際には，裁判所はGAOの請求を退けるとともに，ある判事は，上院または下院の全体の要請である必要を指摘した[235]。GAOが訴訟に持ち込んだのはこの事例のみであり判断に

る。議会の情報ニーズは範囲が広く種類もさまざまである。立法府と行政府との関係というレベルで考えると，もし大統領や行政機関と競争できるほどの情報ということであれば，議会は新たな情報入手経路を必要としている。その情報には，予算分析，政策の実行計画，プログラムの見直し，および財務や行政運営の監査を含む。これを実行する主な手段としてGAOを捉えることに，議会はある程度同意をする。しかし，多くの新たな権限をGAOに与えることは拒むため，代わりに，他の立法補佐機関（例，議会予算局（CBO），議会調査局（CRS），委員会スタッフなど）に，独立性の高い情報と，すでに決まっている議会の意向を支持する情報の両方の提供を期待している。

(233) 予算の詳細は，Trask (1991), p. 141 参照。
(234) 勧告数の詳細は，第Ⅱ章の脚注130（55頁）を参照。
(235) BBC News（2002年1月31日）<http://news.bbc.co.uk/1/hi/business/179

は今後の事例の積み重ねが必要になるが，この事例から考えると，GAOに対する議会のコントロールが弱まるという懸念は現実に起こりにくいと考える。

こうしたことから，反対意見の存在は結果的には肯定的見解を覆すことにはならなかったことが分かる。しかし議会は，反対意見が示した懸念に対処したり，GAOの権限拡大のスピードを速めたり遅めたり，又はあいまいな状況のままにしたりしながら時間をかけて，GAOの機能が変わる状況をつくっていったことが推測できる。

ここで現れる疑問は，(1) GAO がプログラム評価を拡大したにもかかわらず，反対意見が懸念していたような「勧告は受け入れられず，また，受け入れられた場合であっても組織の独立性・信頼性を損なう危険性」が，なぜ実際に問題とならなかったのか，そして，(2)独立機関であり立法補佐機関でもあるということは何を意味しているのか，ということにある。この「独立性」と「立法補佐」という統治機構上の位置について，次のV．5．3．で考察する。

V．5．3．GAOの独立性

これまでの議論でさらに検討が必要な事項であった「独立性」について，ここで考えてみたい。まず始めに，本文中随所で触れてきたGAOの「独立性」に関するまとめとして，「独立性」を支える制度と実務について説明する。これをこの節の論点1とする。次に，これまで論じた中で現れた問いについて考える（論点2－4）。つまり，第1観点について検証した結果，なぜ評価機能は，委員会スタッフや市民団体，または行政機関の内部評価が担うことにはならなかったのかについて疑問が残った（V．1．3．参照）。これをこの節の論点2とする。

さらに，先程の2つの影響要因（権力均衡／議会内の意見）は，「独立性」についての話であると言い換えることができる。政策見直しにおける

3058.stm>，およびBBC News（2002年12月10日）<http://news.bbc.co.uk/1/hi/world/americas/2562741.stm>

党派的議論を回避し、委員会間の権力均衡に配慮し、独立した機関に評価活動をまかせることにした。だからこそ、GAOの権限が拡大して政策的事項に関わりが深くなることで、その独立性を失う危険性を感じた議員らがいた。そこで残った2つの疑問として、1つが、会計監査ほど厳格な基準を持たない、政策の効果測定を扱うプログラム評価がGAO活動に占める割合を増やしたにもかかわらず、組織の独立性と信頼性が維持された理由、もう1つが、「独立性」と「立法補佐」の統治機構上の意義を検討する。これらをそれぞれ、論点3と4として扱う。

(i) GAOの「独立性」を支える制度と実務　ここでは、GAOが独立機関であると言われる根拠は何か、それは何から独立しているのか、そしてそれは法制度や実務においてどのように守られてきたのかについて紹介する。

　法制度上、前述の繰り返しになるが、1921年法においてGAOは財務省から分離された監査等の機能を引き継ぎ、行政府から独立した組織として設立された。まず人事面について見ていくと、検査院長の任命は上院の助言と同意を得た上で大統領によって行われる。解任は議会の合同決議または弾劾によって可能であり現実に難しい。そして任期は15年間であり、連邦裁判所判事の終身官職を除き政府の中で最も長い任期となっている。また、職員の採用や配属などはGAOが独自に行う[236]。予算面については、GAOは連邦議会に予算要求（大統領を通さない）を提出し、連邦議会が予算の調整を行うため、行政機関のようにOMB（行政管理予算局）の審査を受けない。これらのことから、検査院長の任命・解任に行政府と立法府の両者が関わることでGAOがどちらにも服従せず一定の距離を保つ位置にいること、そして院長の長期の任期が、その独立した位置づけを支えていることが分かる。また、自律的な職員人事や予算の手続きからGAOが行政府から独立していることが分かる。

　さらに、GAOは行政府から独立（independent）した機関であるとともに立法府の補佐機関としても位置付けられている。1921年設立当初から立

---

[236] Sperry et al. (1981), p. 256.

法補佐機関であるとする主張があったが，法律に明記されたのは1945年再編法においてであった。しかしここで重視すべきは，立法補佐機関でありながら，議会の日常的権力作用からは一定の距離（separate）を置いている点である[237]。この広い意味での「独立性」は，GAOが議会活動と関わりながらも，GAO自らの権限行使の能力を議会に委ねてしまうのではなく，自らコントロールする能力を確保していることを指す。具体的には次のような場面でこの「独立性」が現れている。1つ目に，大統領の院長任命権の存在は，GAOを単純な議会付属機関という位置づけにしない[238]。また，2つ目に，1970年法はすべての委員会をGAOの支援対象とした。そしてGAOは，要請実績のないまたは少ない委員会にGAOの活動を利用するように促した[239]。3つ目に，スターツ院長は検査院長の任期を短縮しようとする議員に対して，説得してそれを止めさせた[240]。4つ目に，GAOの独立性を守るために，委員会にその調査の独立性を主張する場面があること，さらに，議員個人からの要請に対しては公式の意思決定過程である委員会制度に乗せるように，GAOが調整をすることが次のインタビュー[241]から窺える。

　　ブレア（初代議会連携室（OCR）長）：
　　　委員会の中には，直接私たち（GAO[242]）の調査に指図しようとするものもあった。私たちはそれらを拒否し，私たちの調査は独立していなければならないと伝えた。私たちのレポートの中でいたるであろう結論が，次の選挙で対抗馬を支援しうるかどうかにつ

---

(237) Kettle and Fesler (2005, p. 402) は，「GAOは行政府から独立しているとともに，議会の日常的活動から一定の距離を置くように設計されている（"GAO is designed to be independent of the executive departments and is separate from Congress's own day-to day-work"）」と表現している。
(238) Sperry et al. (1981), p. 256.
(239) GAO (1990b), OP-14-OH, p. 28.
(240) Tidrick (2006b), p. 62.
(241) GAO (1990b), OP-14-OH, pp. 28-29.
(242) 括弧内は筆者補足。

いて関心をもつ議員がいた。

エシュヴェーゲ（元検査院長補佐（計画と報道担当））：
私たちは，政治的に動機付けられ，スタッフによる非常に熱心な，取るに足らない，または単に実行不可能な，委員会やその所属議員からの個別の要請に対して，なんらかの制約を課さなければならないように思われる。そのような要請をどのように扱えばいいのか。

フィッツジェラルド（元議会連携室（OCR）長）：
特定の何かを思いつくわけではないが，もしその要請に多くの利益を持つように思われる議員からの要請が来たならば，そして私たちがその要請の正当性や調査レポートが最大限のインパクトをもつことを確かめたい場合には，議員のところへ行き，「あなたは本当は何かを狙っている。しかしあなたも知るとおり，委員会Xはこの問題を管轄している。私たちが行いたいのは，あなたの主要なスタッフを私たちと委員会Xのスタッフと同席させ，あなたがこの要請をしたことを委員会Xのスタッフに伝え，私たちが調査を始める前に彼/女らの意見を得ることである。おそらく彼/女らはその要請に何らかの追加をするだろう」と言うだろう。私たちは委員会制度の中で人々に仕事をさせるように努めるだろう。

そして5つ目に，GAOの「独立性」確保のために，スターツは議会からの要請がGAOの全業務量に占める割合を35％に留めようとしていたが，その後約80％まで要請率が拡大したことについて[243]，スターツの頃とその後ではGAOに対する議会の要請の背景が異なっているために要請率の拡大がGAOの独立性の阻害要因になるとは言えない，とGAOの議会担当者が考えていたことがインタビューに現れている[244]。

---

(243) インタビュー当時1990年81％。この数字には，議会からの直接要請と法的義務の業務の両方を含むが，後者の割合は小さい。
(244) GAO (1990b), OP-14-OH, p. 30.

ブレア：スターツ氏は議会からの要請業務を全業務量の約35％に保ちたいと考えていた。

エシュヴェーゲ：

ここで異なる二つを比較しないために，少なくとも GAO 側は今日の要請が過去に見えていたのと同じではないことが多いと感じていることを，指摘しておきたい。議会の要請は，澄みきった青い空からやってくるかのように委員会や議員からは出てこないものである。GAO は委員会スタッフからの意見，そして時々，議員からの意見を踏まえた計画をつくる。そうして長期計画の策定が委員会に可能となる。要請される仕事の多くは，議会の情報源を使った私たち GAO が重要な仕事であると確認したものである。

つまり，議会からの要請は GAO に提出される前に GAO の関与がなされていることが多く，GAO が事前に全く知らされていないというものではないことが分かる[245]。

6つ目に，金本（1990）によれば，GAO のプログラム評価結果は，それが議会の委員長である依頼者の政治的目的にそぐわない場合であっても，調査結果は公開される[246]。また，プログラム評価の途中で依頼者との協議や彼／女らへの情報提供を行うが，そうする中で調査途中に依頼者の意向に添う結果が出ないと分かった場合でも，GAO は調査を中断しない。

こうした GAO の「独立性」は次のような工夫によっても支えられている[247]。1つ目が，議会に対するプロトコル[248]の存在である。議会と GAO との間での要請の扱いからレポートの提出までの手続きを明示している。

(245) GAO (1990b), OP-14-OH, p. 30. 東（2007），p. 156によれば，連邦議会からの検査要請のうち GAO の長期戦略計画と一致している割合は約75％である（2006年7月ウォーカー検査院長より）。
(246) ただし，依頼者が自分の名前を公表しないように頼んだ場合には，その名前を公表しないことがある。
(247) GAO 活動の客観性・中立性を担保する仕組みの説明は，東（2007）に詳しい。
(248) GAO (2004c), GAO's Congressional Protocols, GAO-04-310G.

2つ目が，政府監査基準（GAGAS）の策定と，こうした監査基準に基づいた外部監査機関によるGAO活動の評価(パフォーマンス監査の評価や財務監査活動の評価）である。これらの工夫は，GAO活動に占める議会からの要請率が高まるにつれてGAOの「独立性」が損なわれその検査結果の信頼性が失われる危険性を防ぐために，検査結果の客観性・中立性を担保する仕組みであるという[249]。以上のことから，GAOは行政府から独立し，また立法府の日常的権力作用から一定の距離をとり広い意味での「独立性」の維持に努めていることが分かる。

(ii) GAOが評価機能を担う理由

次に，各委員会がスタッフを使って評価活動を担うということにはならなかった理由（論点2）を検討したい。プログラム効果の検証に対する関心の強さは，委員会によって異なるという。例えばスターツは，彼が院長の頃に非常に関心が高い例は立法委員会（the legislative committees）であり，中間程度が政府運営委員会（the government operations committees)[250]であり，そして非常に低いのは歳出委員会（the appropriations committees）であった，とインタビューで答えている[251]。この発言から考えると，もし各委員会に評価活動を義務付けたとしても，その委員会の好みによってプログラム評価を利用した行政監視の実現に差が生じる恐れがある。また，委員会がスタッフを雇用するので，委員長やその所属党などの考え方の影響を受ける恐れがある[252]。これらのことから，各委員会の意向や党派性に左右さ

---

(249) 東（2007），p. 168.
(250) 加えてスターツは，「彼ら（政府運営委員会）は，運営事項について取り組むが，このプログラムが本当に結果を生み出しているかどうかについてはほとんど扱わない」と言及している。(GAO (1987), GAO/OP-1-OH, p. 24.)
(251) GAO (1987), GAO/OP-1-OH, pp. 23-24.
(252) Weiss (1989), p. 414によれば，委員会スタッフを許可した1946年立法府再編法は非党派のスタッフを予想していたが，実際には1950年代初期までに党派性が強まっていき，現在（1989年）では2，3の委員会で非党派性が生き残るという状態になった，という。当初から委員会スタッフは多数党のスタッフであり，主に議長のスタッフであった。そこで，1970年法

れない機関がその機能を果たす必要があったと考えることができる。

そして，行政府の内部評価で済ませることにならなかった理由（論点2）を考えてみると，そこには連邦政府が抱えた事情，および三権分立と権力均衡という思想の影響を見て取ることができる。

連邦政府は[253]，1960年代以降の福祉政策の拡大に伴い，それを管理する能力の拡大が求められた。それにもかかわらず，それに見合った連邦政府の職員は増員されず，それに代わって間接的な主体，例えば，州政府・コンサルタント・非営利団体等が，政策の立案・執行を担当するという方法がとられた。また，福祉政策のように複雑な性質を持つ政策課題が増大したことにより，専門知識への需要が高まった。こうしたことから，イシューネットワークと呼ばれる政策課題ごとに専門知識を持つ者から必要な知識と情報を得ていくようになる。こうした専門知識の供給源の1つとして，議会を補佐するGAOも位置づけられている[254]。このように，政策の立案・

　　によって各委員会のスタッフのうち3分の1を少数政党のスタッフとすることを定めた。これが現在（1989年）の両院において一般的になっている。また，多数党スタッフは委員会または小委員会の議長によって雇用されるため，彼らの忠誠は議長に向かう。他方，少数政党のスタッフはその委員会の最古参の委員（the ranking minority member）によって雇用されるため，彼らの忠誠はその委員に向かう。

(253)　Heclo (1978), pp. 91-102，五十嵐（1992），pp. 83-84に説明がされている。

(254)　小池（1990），p. 310は，政府間事業の政策決定過程におけるこうした開放的な政策ネットワーク内の交渉の一例を次のように紹介している。「その一例に『ワシントン政府間円卓会議（Washington Intergovernmental Roundtable）』というものがある。この円卓会議は，連邦，州，地方間の種々の問題について，連邦議会の政府間関係問題小委員会やOMBのスタッフ，政府間関係に関する政策を担当する関係省庁の担当官，ワシントンに事務所を置く全国知事会などの団体，ブルッキングス研究所のような研究機関の専門家などが自由に討議する場として設けられたもので，1977年に発足したものである。事務局は会計検査院の政府間関係グループが担当しており，200名以上に及ぶメンバーの連絡調整にあたっている。この円卓会議はインフォーマルな性格のものであり，政府間調整に積極的な役割を果たしているわけではないが，全国知事会や全国都市連盟などの"ビッグ・

執行において外部のイシューネットワークに頼らざるを得なかった連邦政府の事情が指摘されていることから，その執行後の評価段階を担当する主体の不足は容易に推測できる。GAOはイシューネットワークの1つとしてその役割を引き受けたと考えることができる。

実際，次の説明から，連邦補助事業等の増大とその社会的影響力の増大に伴う管理・調整の必要性の増加に比べて，それらを担う連邦政府の活動が量的にもレベル的にも減少していたことが分かる。また，執行上の課題の存在が明らかになるにつれ，GAOが指摘した評価機能の不足に益々注目が集まっていったことが分かる。

1960年代にジョンソン政権は，貧困や失業などの問題を連邦政府主導で解決するために連邦補助事業を次々に創設した。これら事業の多くは，州政府を迂回して地方レベルに降ろされ，連邦各省と直接の関係にたつ地方機関によって実施されたために，地方レベルではさまざまな連邦補助事業が入り乱れ，事業間の重複や混乱が大きな問題となった[255]。また，連邦政府は規制活動，借入保証等といった政府に費用をあまりかけないにもかかわらず社会全体に多大な影響を及ぼす手法を使い，その執行を州・地方政府・非営利団体，そして民間企業に頼るようになっていった[256]。

他方，このような連邦補助事業等の管理・調整を期待されるはずの連邦政府の職員数（文民雇用）は，1960年代から1970年代の20年間に240万人から290万人に増えたが，これは対人口比にすると1979年の連邦政府の雇用は基本的に1950年のレベルにあった。加えて，表面上は連邦政府の歳出が1960年の463億ドルから1979年の925億ドルと増加を見せていたが，歳出量を国民総生産（GNP）の比率として計算するとおよそ同じであった（GNPの18.5％から20.8％へ）。つまり，連邦政府は直接的な活動を量的にもレベ

セブン"と呼ばれる圧力団体はもちろんのこと，各州の住宅局の担当官の集まりである『州住宅局協議会』といった専門家グループや『アメリカ公共輸送協会』といった公的利益団体もメンバーに入っており，政府間関係上の諸問題に関する情報収集や他の団体の動向をつかむ場となっている。」

(255) 小池 (1990), pp. 1−2.
(256) Mosher (1980), p. 543; Shafritz et al. (2004), p. 197.

ル的にも減らしていた[257]。

こうした状況において，GAO は法の義務付けにより，ジョンソン政権期に始められた「偉大な社会」の中心的政策の１つである反貧困プログラムの評価に取り組み，1969年に議会に報告する。その評価結果においてGAO は，連邦レベル及び地方レベルにおける関係主体間の調整機能の向上の必要性という執行段階の課題と，評価機能の向上の必要性という課題を指摘した[258]。続いて GAO は前出の通り，スターツ院長の下でプログラム評価の質と価値を高める活動を積極的に進めていくことになる[259]。また，中央レベルでの調整が図られず，地方段階における著しい混乱を招き[260]，「偉大な社会」プログラムの多くが当初期待されていたほど機能をしていないことが広く認められていくにつれて，プログラム評価がますます注目されていった[261]。

他方，三権分立と権力均衡という思想の影響についてロジャー・L・スペリー等（Roger L. Sperry et al.）は，「権力分立および抑制と均衡というアメリカの政治形態は，それが正しく機能することになっているならば，検査院長－GAO タイプの機能を必要とするものである。効率的な独立し

---

(257) Shafritz et al. (2004), p. 197. Mosher (1980), p. 546 は，これらの相反するように見える変化に示されている連邦政府の関与の変更という状況において，２つの行政管理に関する緊急の課題として(1)公共プログラムの調整とその実行手段の簡素化，および(2)アカウンタビリティを挙げた。特にアカウンタビリティという概念を，政府外の組織と人々による業績を政府の目的の観点から効率性と有効性にまで拡張して考える時に，アカウンタビリティという概念は難しいものになると指摘した。

(258) GAO (1969), pp. 73-79. その後も GAO はこの問題を扱っていることが分かる。小池（1990）によると，ニクソン政権下での政府間調整の１つの柱である OMB 通達 A-95「連邦事業および連邦補助事業の評価，審査，調整について」に関する評価を GAO は行い，1975年に OMB に対して問題点を踏まえた勧告を行い，この勧告を受けた OMB は同年に A-95 の改正を行ったという（pp. 81, 87）。

(259) Shafritz et al. (2004), p. 194.

(260) 小池（1990），p. 68.

(261) Shafritz et al. (2004), p. 194.

た監査システムが存在していなければならず,議会は公平で偏見のない情報を持たなければならない。そしてそれらは,政府プログラムの評価とそうした機関がなければ得ることのできない活動を含んでいる。提供される情報の性質は,活動の独立性,および,その独立の位置から得られる遂行能力の直接的結果である。鍵となる議会委員会スタッフの一人がかつて言ったように,『もし私たちが GAO を持っていないならば,私たちはそれを創ることになっただろう』[262]と記している。三権分立および権力の抑制と均衡という統治原理に立脚し,行政活動の監視は議会の義務であり,それに必要な質をもった情報は独立した機関から提供されるという考えが作用しているために,GAO が評価を担うことになったと考えることができる。

(iii) GAO の「独立性」と「信頼性」の維持の理由

次に GAO の独立性と信頼性が維持できた理由(論点3)として,次の3つを考えることができる。第一に,GAO は,評価作業の各段階で評価内容に関する議会委員会側との討議や GAO 内部での評価内容の入念なチェックを行い,政治的バイアスのない正確な評価を行うよう注意を払うことにより,評価内容の信頼性を保つ(詳細は「II. 1. 1. GAO の特徴」)。第二に,プログラム評価・方法論課(PEMD: the Program Evaluation and Methodology Division)のような評価手法の開発・管理を担当する GAO 内部の組織が,評価の質の向上と維持を支えた[263]。例えばチェリンスキー(2006)によれば,法令上の飲酒最低年限をめぐる連邦政府と州政府との争いの中で GAO が飲酒年齢と事故発生率との因果関係に関する既存の評価結果を,すでに開発していた判断基準(GAO, 1983, *The Evaluation Synthesis*[264])や専門家を集め設置した評価委員会を利用して,比較評価分析を行った[265]。議会公聴会[266]で PEMD は,評価過程と比較分析手

---

(262) Sperry et al. (1981), p. 257.
(263) PEMD は1996年に廃止となった後,その職員の多くは GAO 内の他の課に配属され,残りの職員が PEMD の業務を引き継いだ(Grasso (1996), p. 117)。現在は Center for Evaluation Methods and Issues という名称である。<http://www.gao.gov/jobs/arm.pdf>(アクセス日:2007年7月31日)
(264) GAO/PEMD-10.1.2., Revised March 1992.

法について 4 時間にもわたる説明を行い，その分析結果の適切さを証明した。この結果，議会やメディアでの議論，さらに広く一般の関心を呼んだ。また司法での検討にも利用され，法令上の飲酒最低年限は GAO の提言どおりに引き上げられた。この事例は，PEMD による評価手法の開発と評価過程での質の管理は，評価結果の信頼性を保ち，広く議論や判断に繋がったことを表している[267]。第三に，監査・評価の専門家集団の一員として，

---

(265) GAO, 1987, *Drinking Age Laws: An Evaluation Synthesis of Their Impact on Highway Safety*, GAO/PEMD-87-10.
(266) House Committee on Public Works and Transportation (1986), Hearing Before the Subcommittee on Oversight, The National Minimum Drinking Age Law USGPO, 1986, pp. 1-40.
(267) 本事例は行政活動の現状について人々の注意と議論を喚起し行政活動の変化を促す GAO の役割をよく示していることから，ここに詳細を紹介する (Chelimsky (2006), pp. 48-50)。飲酒最低年限を21歳に上げない州に対して連邦政府が道路関連補助金を減額するという1984年の法律 (The 1984 Uniform National Minimum Drinking-Age Law) を不服とした南ダコタ州は，運輸長官を相手に，同法は州の権限を侵害し憲法違反であるとして1984年 9 月に裁判所に訴訟を提起した。当時南ダコタ州は18歳を最低年限としていた。また同州は，飲酒最低年限を上げることが交通事故の原因のうち飲酒が占める率を下げるという科学的証拠はないと主張した。この訴訟は，同州の主張を支持・不支持するロビーグループ，多くの州の議員，酒屋やレストランの業界団体，また，大学の学生などの関心を呼ぶことになる。
　こうした状況の下，1985年10月に「公共事業および運輸に関する委員会のための行政監視に関する小委員会」の議長から GAO に調査要請の手紙が届く。彼／女らは，上で説明した争いの渦中にあり，既存の調査は飲酒最低年限を上げることが幹線道路の安全性の向上につながるという考えを支持するものなのかどうかを知りたがっていた。そのために，GAO は要請者である小委員会との議論を通じて多くの評価の質問を引き出した上で，設定した判断基準 (GAO/PEMD-10.1.2.) に基づき，飲酒最低年限の変更がもたらす効果に関する82の既存の評価を適切なものと不適切なものとに分け，49の評価にまで絞り込んだ。そして，GAO 職員に加え独立した専門家から構成される評価委員会をつくり，審査基準の設定および評価の質問との関連性の調査を行い，最終的に21の調査を採用した。この一連の評価過程は注意深く記録に残された。

GAOの政府監査基準（GAGAS[268]）がGAOの調査結果の独立性・信頼性を確かなものとした，と考える。この基準はGAOに設置された政府監査基準諮問委員会によって設定されたもので，そのメンバーは，国・州・地方政府や公営企業の監査・評価などに関わる公認会計士，経済人，学者等といった，政府機関から独立した主体によって構成されているという。また，この基準は行政府内の監査人にも利用される。さらに，公会計・公監査の論点が盛り込まれたバイブルとしてアメリカのみならず諸外国でも参考にされているという[269]。こうしたプログラム効果も範囲に含む監査基準の

そして，1986年の夏に評価が完了する。最も重要な結論は，飲酒最低年限を上げることはあらゆる州を平均して直接的かつかなり大きな効果を，18歳から20歳の間の交通事故の減少に与えているということであった。5％から28％の幅で統計上有意な減少が「運転者の事故死につながる」衝突事故において発見された。そして1986年の9月に小委員会は公聴会を開き，GAO (PEMD) は上に説明した一連の評価過程とその際の判断根拠について4時間にもわたる説明を行った。この評価は評判を得ることになる。

さらに，この公聴会の内容はテレビ（C-Span）で一週間以上にわたり日に2回の頻度で全国的に放映され，視聴者から大きな反響を得た。加えて，GAOが評価をしている間に，南ダコタ訴訟は最高裁で1986年の10月に裁判が始まり，1987年に判決が出され南ダコタ州が敗訴した。1986年9月の公聴会は裁判所によって利用された法的資料の1つとなり，その結論と判断の観点から審査された（Supreme Court of the United States (1987), The State of South Dakota Versus The Honorable Elizabeth H. Dole, Secretary, U.S. Department of Transportation, March 16, 1987）。

この件に関する新聞やテレビなどの報道機関による報道は全ての州で多くなされた。また論説が激増した。最高裁判決の結果，1989年までに50州すべてが飲酒最低年限を21歳とした。運輸省はGAOの評価が1988年の一年で推定1,000人の若者の命を救うことに貢献したという。また，テネシー州の調査では，飲酒最低年限を上げる法律を制定した結果，19歳から20歳の間で38％の死亡率の減少があったことが示された（GAO, 1989, *GAO Management News* 16 (36)）。

(268) Generally Accepted Government Auditing Standards. 表紙が黄色いために「イエロー・ブック」とも呼ばれる。最新版は2007年版（GAO (2007b), GAO-07-731G）。

(269) 鈴木豊（2005），p. 1.

存在[270]が，評価者の独立性の拠り所となっている。実際，独立性の規定もGAGAS内にある[271]。この3つの理由についてはいずれも，GAOの評価の質の向上と維持に関わっており，この社会科学の1つである評価を扱う専門家として，評価手法や基準の開発と管理および内部のチェック体制の確立によって，政治的思惑から距離を取り，測定が容易ではない政策分野のプログラムの評価活動を行うことを可能にしてきた。つまりGAOの評価活動は，党派性やバイアスから自由となり独立性と信頼性を確保することに努めてきた。

こうした評価の質の管理に加えて，すでにⅡ.1.1.（25頁）で紹介したとおり，GAOは外部機関による監査を受け入れている。具体的には，カナダ会計検査院長をリーダーとしたチームによる検査が行われ，その結果はGAOのウェブサイトによって一般に公表されている。このようにGAO活動の信頼性も検査されている。

(iv) GAOの「独立性」と「立法補佐」という特徴の意義

最後に，「独立性」と「立法補佐」の統治機構上の意義（論点4）については，GAOの「独立性」と「立法補佐」という特徴が価値を発揮する客体と場面について考えてみると理解できる。例えば，GAOが立法補佐機関であることは，「行政府」に対して価値を持つ。なぜなら，GAOが「独立性」の側面しか持っていなければ「孤立」の可能性も伴うことになり，行政府に対して情報入手や勧告などの権限又はそれらの実行力を持つことが難しくなるからである。一方，GAOが独立機関であることは，「立法府」および「国民」に対して価値を持つ。なぜなら，政策には党派性が絡みがちであるが，独立機関としての中立性を保ち，その情報の信頼性と有用性を確保することができるからである。立法補佐機関でありながらその多数党の意向に支配されないのは，既に説明した通り

---

(270) なお，業績監査（performance audit. プログラム評価はこのカテゴリーに含まれる）についてアメリカ評価学会，心理学会，内部評価者協会などによって作成されたガイドラインについての言及もある（GAO (2007b), GAO-07-731G, p. 12.）。

(271) GAO (2007b), GAO-07-731G, pp. 29-48.

「独立性」が制度上担保されているからであると言える。そして先程説明した委員会間の権力均衡を考えれば，議会にとっては独立機関による調査が必要となる。また，国民にとっては，市民団体などがその情報を使い政府に働きかけをする機会を潜在的に持つことができる。但し市民団体は，立法によってその独立性と常勤の専門職員を確保するGAOに取って代わることはできない。このことは論点2の市民団体に関する問いへの回答でもある。

　また，別の言い方をすれば，GAOの特徴である，「独立性」と「立法補佐」という位置づけは，前述の3つの観点（政治・社会的要因，GAOの内部要因，検査院長要因）と関係していると言える。第1観点においては，政治・社会的事件によって引き起こされた行政監視の不足の認識や国民の信頼の欠如を埋めるために，政府活動の正当性を示すことが必要であった。そこでGAOは「独立」を保つために，その評価結果が不偏かつ非党派の情報として正当化され，議会は行政監視と国民への説明にその情報を利用しやすくなり，また国民は，立法の意思に沿った政府活動がなされているかどうかを知ることができる。他方，GAOは立法補佐機関として，行政機関からの情報の入手と勧告の活動を正当化できる。第2観点においては，GAO自身にとって行政府からの独立性を保つとともに，自らの活動が効果的であるためには，立法補佐機関であることは重要であった。第3観点においては，「独立性」と「立法補佐」を体現するGAOのリーダーという立場にスターツがいたからこそ，彼は党派を超えて行政監視機能の強化に必要な策について議会に働きかけ，行政機関横断的な評価活動も正当化できた。以上の通り，「独立性」と「立法補佐」という位置づけは上述の3つの観点における要因が機能することを支えたと言うことができる。

第Ⅵ章　結論

　本研究は，これまでGAOが議会の要請を受けて評価活動を行い，その結果を議会・行政府・国民に知らせることで，時として何か問題が起こっている，または起こりつつあるという警告を発するという，今日のあり方が生まれた理由を探ってきた。そのためにGAOの機能の変化と，GAOと議会との関係の変化が同時に起きた1960年代後半から70年代を中心に，政治・社会的要因，GAOの内部要因，そして要因としての検査院長という3つの観点から，GAOの機能およびGAOと議会との関係の変化が起きた理由について調べた。その結果，3つの要因がそうした変化を説明していること（V．1～V．3），そしてその3つの要因は相互に関連し合っていること（V．4）が説明できた。加えて，それら3つの要因は議会内の権力の均衡（政党間/委員会間），GAOに関する議会内の意見，およびGAOの独立性という事項の影響を受けていることが説明できた（V．5）。

　このGAOの経験を一般化することができるならば，評価組織は，適切な「機能」と「位置」を得ることによって，現代の行政権力に対する統制機能をもつことができるようになると言うことが可能なのではなかろうか。最後にその素描を試みたい。

VI.1　行政権力の新しい統制に向けて

VI.1.1.　フリードリッヒ＝ファイナー論争

　行政統制をめぐる議論を振り返ると，その端緒となったのは，カール・フリードリッヒ（Carl J. Friedrich）とハーマン・ファイナー（Herman Finer）の間で行われた論争であった。戦間期以来，行政機能の肥大化への危惧と，それに対する新しい民主的統制と責任の問題が関心を集めるようになる中，1940年頃，行政権の統制をめぐって，議会による外在的統制を重視するファイナー[1]と，行政権の自律的統制を重視するフリードリッヒ[2]の間で論争が展開された。つまり，ファイナーは民主政治の下での行政責任は議会に対する外在的責任を主とすべきであると考える[3]のに対して，フリードリッヒは，議会能力の低下という状況においては，責任ある行政官とは技術的知識と民衆感情という2つの有力な要素に応答的な行政官でなければならないと考えるのである[4]。

　これは，非常に伝統的な論争でありながら，今もなお様々な研究において議論されており[5]，有効かつ具体的な解決策が見つからないままのように見える。これら両者の主張には弊害も指摘されている。前者には「行政

---

(1)　Finer (1941)
(2)　Friedrich (1940)
(3)　Finer (1941), p. 336.
(4)　Friedrich (1940), p. 12. 前者への応答は「機能的責任」と呼ばれ，それは，「特定分野の科学的知識に関し，政策の適否を判断しうるような専門家仲間ないし科学者集団によるチェック」（西尾（1995），p. 282）を指す。他方，後者への応答は「政治的責任」と呼ばれ，「転変する社会の新しい問題に的確に対応するために，民衆や議会に先んじて変化を予知し，政策をより有効なものに高めようとする公務員の責務」（西尾（1995），p. 282）を指している。
(5)　西尾（1995），pp. 284-285は，ファイナーとフリードリッヒの論争に対する論考が数多く現れていることを紹介した上で，「しかし興味深いのは，戦後の多様な研究や議論がその理論フレームを頻繁にこの論争に求めている事実である」と説明している。

統制が外在的である以上，その責任は他律的なものとなり，彼らは問責があった場合にこれに応える責任を果たせばそれでよいということになる[6]」という行政府の他律性が問題となりうる。一方，後者については，ファイナーがフリードリッヒの考えを「『新しい専制主義』という言葉で批判したように，行政官や行政職員の専横を招く事態に陥りかねない[7]」という問題を抱えている。

　筆者が考えるに，ファイナーとフリードリッヒ双方の議論は，次のような見落としがある。ファイナーは，議会による統制を唱えるものの，議会の統制能力をいかに高めるかについて具体的に語っていない。他方フリードリッヒは，議会が統制できないのであれば行政官自身が自らを統制するしかないとするが，議会以外に有効な統制主体を見出そうという発想はない。この欠落部分を補うことができれば，行政統制の問題解決の糸口を見出すことができるのではないか。以下ではこの問題を評価活動が有する機能と評価機関の制度的位置付けという観点から手短な考察を行いたい。

Ⅵ．1．2．外在的統制／自律的統制の二元論を超えて

(i) 評価研究からのアプローチ
　　　　―評価活動がもつ行政統制機能

　既に述べた通り，評価研究においては評価活動がもつ行政統制「機能」についての言及はあっても，評価組織の統治機構上の「位置」については言及がない。具体的には，行政活動の評価が，議会の行政監視能力と行政府自身の行政能力の双方の向上に寄与する「機能」を有するという議論がある。チェリンスキーは，評価には行政府による政策・プログラムの執行が立法の目的に適っているかどうかなど，過去を振り返る作業によって執行中の政策・プログラムの効果や効率性を説明するとともに，公的支出が将来有効に使われる可能性を検証する「機能」があると紹介している[8]。そして，Ⅳ．2．にもある通り，彼女は議会制民主主義と評価の関係について論じる中で，こうした「機能」を

---

(6) 真下（2004），p. 347.
(7) 真下（2004），p. 349.
(8) Chelimsky (2006), p. 40.

もつ評価活動が議会の行政監視活動を支援するとともに行政機関の執行能力の向上を支援していることを，GAOの事例を使って説明した。ただしチェリンスキーは，評価組織の統治機構上の「位置」の問題に言及することはなかった。そのため，彼女の議論はファイナーとフリードリッヒの外在的か内在的かという位置をめぐる二元的な行政統制論について論ずるには十分ではない。

(ii) 憲法学からのアプローチ
── 行政監視活動と「新しい権力分立」

そこでこの行政権力の統制主体の「位置」の問題については，最新の憲法学の知見が参考になる。ブルース・アッカーマンの「新しい権力分立」は，議会や行政府の権限をさまざまな形で制約する「制約された議院内閣制（constrained parliamentarianism）」を支持するものである[9]。そして，官僚機構の統制について真摯な考慮がなされてきたとは言いがたい[10]として，官僚や政治家の汚職を防止するために，信頼できる独立（separate）の腐敗防止部門（integrity branch）を設立することが最優先事項であるべきだという[11]。その設計について彼は，「現行の行政監視活動に従事するための権限と奨励措置によってその新しい部門は身を守られるべきである。その腐敗防止部門の構成員は非常に高額な給与を保証され，それは立法府による減少から保護されるべきである。またその構成員は調査をしたのちに，調査対象であった公職員の部下にならないようにするといった職業的進路が約束されるべきである。また，憲法はその部門に総政府歳入のxパーセントを最低限の予算として保証すべきである……」と説明している[12]。つまり，腐敗防止部門は行政監視活動に従事するために，その構成員は給与と身分を，また組織は最低限の予算を保証されるべきであるとしている。その上で，アッカーマンは例としてイギリス議会内の公会計に関する常任委員会を挙げ，同様に腐敗防止部門の性格を持つ組織としてGAOに言及している[13]。こ

（9）Ackerman (2000), p. 727.
（10）孝忠・大江（2000），p. 111；Ackerman (2000), p. 641.
（11）孝忠・大江（2000），p. 111；Ackerman (2000), p. 694.
（12）Ackerman (2000), p. 694.

うしてアッカーマンは，現代における権力分立に三権以外の独立した部門を置く理由があるとしている[14]。

(iii) GAOの脱二元論的意義　　それでは，フリードリッヒ＝ファイナー論争の欠落した部分に対して，「評価」という機能の導入や，既存の三権以外の独立した組織の設立を主張するこうした議論はどのような意義を持っているのだろうか。それは，その欠落を補完するものとはならないだろうか。

既に述べたように，フリードリッヒは，行政機能が肥大化する一方でそれを議会は有効に統制できていないという状況を目前に[15]，客観的に確立された科学的な規準に対応する責任（技術的知識）と民衆感情に直接に対応する責任を自覚することを行政官に要求した[16]。これに対してファイナーは，議会が行政府の活動を統制する重要性を説いた。言い換えれば，議会に対する責任を行政官に要求した[17]。しかしこの両者とも，議論の出発点であるはずの，行政統制における議会の「無能力化[18]」をいかに克服するかの青写真を描いていない。つまり，肥大化する行政権に対する議会の統制能力をいかに獲得するかという制度設計については議論が深められていない。これに対して，先の議論は示唆的だが，その実例はGAOである。つまり，GAOの経験はこの問題を真正面から扱っている。

GAOは議会による外在的統制の強化に貢献した。莫大な財政支出を伴う戦争や福祉政策など1960年代後半から1970年代に起きた行政権の肥大化を象徴する出来事を目前に，行政権の統制とそのための議会の能力の強化が必要であると叫ばれるようになる中で，GAOはその機能と議会との関係を変化させていった。つまり，GAOは，一方で財務監査から評価へと「機能」を変化させ，他方で，行政から独立し議会を補佐する機関へと変化し

---

(13)　Ackerman (2000), pp. 694-695.
(14)　Ackerman (2000), p. 695; 長谷部（2006a），p. 85.
(15)　Friedrich (1940), p. 3.
(16)　西尾（2001），p. 34.
(17)　Finer (1941), p. 336.
(18)　西尾（1995），p. 281.

ながら，同時に議会の日常的権力作用からは一定の距離（separate）を置くという独自の「位置」に移行していった。こうした制度上の2つの変化によって，行政に対する議会の統制能力を高めることが可能となった。

他方で，GAOは，議会による外在的統制の強化に貢献すると同時に，行政機関自身の自律的統制の強化にも重要な役割を果たした。すなわち，GAOの勧告は専門的知見と予見を含み行政活動の質の改善に資するものであり，このGAOの勧告に対して行政府自身は自らの判断を示すことができるため，立法府と行政府の両者の間での討議の機会を提供しているからである。また，このGAOの勧告と行政府の判断は一般に公表される。しかし，ここで最も重視すべきは，ここでは外在的統制の弊害である行政府の他律性も，自律的統制の弊害である行政官らの専横も，簡単には許さない，ということである。また，国民も政府で何が起きているのかを知ることができる。こうして，GAOという独立機関は，一方で行政府の権限を弱めない形で評価を行うことにより，他方で立法権が行政権に過剰に介入するということはしないように慎重な配慮がなされていることによって，立法権と行政権の間の権力均衡を支える役割を果たしていると言えよう。GAOの活動は外在的統制や自律的統制という枠組に止まらない性格を持っている。そして，このような組織は，他の国にはあまり見当たらない。

レナード・D・ホワイト（Leonard D. White）が第40回アメリカ政治学会の会長演説（the presidential address）として準備した1945年の文章[19]にも，この考えが示されている。そこには，議会が一般からの尊敬を失いつつあり行政権の統制ができていない状況を背景[20]に，GAOが「ささいな誤りの捜索」をやめて，「監査によって明らかになる行政上の主要問題について議会にアドバイスすること」に専念するようにすれば，アメリカ国民にとってより偉大な価値を持つ道具になりうるとした[21]。そして，これが議会と

---

(19) Leonard D. White, "Congressional Control of the Public Service," *The American Political Science Review*, Vol. 39, No. 1, February 1945, pp. 1-11 を参照。本文脚注（p. 1）によれば，第40回アメリカ政治学会自体は，旅行とホテルの混雑によりキャンセルされた。

(20) White (1945), p. 1.

行政府との間に満足いくバランスを生み出すだろうということ，また，こうした革新が，行政府に必要な権威を弱めるということなしに議会機能を強化するだろうと説明している[22]。ここに示されているのは，ホワイトの表現にある，「良好な行政を保証するために議会がもつ1つの最も重要な資産が，変更後のGAOであり」[23]，この存在が，行政府と議会の均衡を保ちながら責任ある公共サービスを実現しうる，という考えであった。

Ⅵ.2　GAOの経験の意義について

Ⅵ.2.1. GAOは特殊アメリカ的か？

それではGAOの経験はどこまで特殊アメリカ的なものなのだろうか。言い換えれば，世界の他の地域でもGAOのような組織は生まれうるのだろうか[24]。このことを考える上で，イギリス会計検査院（NAO: National Audit Office）は興味深い比較対象となる。

今日，イギリス会計検査院（NAO）は，「支出に見合った価値」（VFM: Value for Money）と呼ばれる検査を行っている。これは政策やプログラムの，経済性（economy），効率性（efficiency）のみならず，有効性（effec-

---

(21)　White (1945), p. 10.
(22)　White (1945), p. 11.
(23)　White (1945), p. 11.
(24)　他国の会計検査院の統治機構上の位置づけを調べてみると次のようになっている。他の会計検査組織はこの米・英のような議会付属型以外に，スウェーデンのような行政組織型，ドイツや日本のような独立組織型，そして，フランスのような司法型に区分できるという（金刺（1996））。なお，スウェーデンは2002年6月の統治法改正，同年12月の関連法制定を経て，王国検査院（Riksrevisionen）を創設し，2003年7月1日から検査活動を開始している。それ以前は，王国議会の下に設置された議会検査官と，財務省の内部組織であった会計検査局が，国の会計検査機関としての機能を担っていたが，王国検査院は，これら2つを王国議会の下に置かれる機関に統合して創設された（間柴（2005），p. 78. また，同検査院の創設についての詳細は，間柴（2004）を参照）。よって，先程の分類では議会附属型に区分できるだろう。

tiveness）を含む検査である[25]。

　このVFM検査の始まりの背景には，政府の拡大，政策執行における行政機関の不祥事の頻発，監視とアカウンタビリティを担う議会権力の弱化，そして公共部門における無駄と非効率および効果への関心の高まりなどといった状況において，従来の財政制度の適切さ（financial audit）や行政機関の支出が議会の承認に従ったものか（regularity audit）といった監査の観点を，政策やプログラムの効率性と効果の観点にまで拡張する必要が生じたことにあった[26]。さらに，1960年代中頃までに外部監査制度自体の効率性・有効性が真剣に問われるようになる。特にE・L・ノーマントン（E. L. Normanton）[27]の研究において，アメリカのGAOとの比較でイギリスの対応の欠如が指摘されたことをきっかけに，行政府からの会計検査院長（C & AG: the Comptroller and Auditor General）の独立性や監査の観点の適切性に疑いと不満が強まっていった[28]。こうした中，下院（House of Commons）は1983年に国家会計検査法（the National Audit Act）を制定した。大蔵省の外庁であった[29]前身の国庫・会計検査庁（the Exchequer and Audit Department）に換わってイギリス会計検査院（NAO）が設立され，また，会計検査院長（C & AG）は下院役員（officer of the Commons）となった。こうして会計検査院長（C & AG）の行政府からの独立と，議会とのリンクの確立を図った。さらに，同法は監査の観点を経済性・効率性・有効性にまで拡大する権限を会計検査院長（C & AG）に与えた。しかし，行政機関の政策目的の利点を問う権利は与えていない[30]。

　NAOのこうした動きの中にGAOと類似のものを見て取ることができる。つまり，(a)行政府からの独立と議会への接近，および(b) 効果の検証の始ま

---

(25) Pollitt, et al. (1999), p. 234.
(26) Gray, Jenkins, and Segsworth (eds.)(2002), p. 53.
(27) Normanton, E. L., 1966, *The Accountability and Audit of Governments*, Manchester: Manchester University Press.
(28) Gray, Jenkins, and Segsworth (eds.)(2002), pp. 54-55.
(29) 片山（2004），p. 5.
(30) Gray, Jenkins, and Segsworth (eds.)(2002), pp. 54-55.

りが同時に起きている。これら2つの動きが，イギリスの議院内閣制とアメリカの大統領制という政治体制の違いにもかかわらず起きていることは注目に値する。イギリスはNAOを検討する際にGAOのあり方を大いに参考にしたという[31]が，こうした取り組みは，行政活動への不満があるところなら他の国でも試みられる可能性があるだろう。

VI.2.2. 自由と効率—GAOの規範的意義

今後，本研究が示した，評価組織の「機能」と統治機構上の「位置」がもたらす行政統制機能に関する検証力を高めていくには，上のような他国との比較や，アメリカ国内の州議会に設置されたミニGAOとも呼びうる補佐機関の間での比較など，分析対象の数を増やしていくことが必要になる。現段階においては，GAOは唯一のケースであり他に同じものはない。もし同様の役割を果たす他の組織がこの世界に現れたならば，最も有力な比較分析の対象となるだろう。しかしどのような方法によるにしても，各統治機構や各対象組織の相違点や類似点に関する細かな比較などといった視点に基づく分析のみに終始する研究だけでは不十分である。なぜなら，権力分立原則によって実現が期待されているのは，「権力が特定の人や部門に集中して人民の自由を圧迫するのを防ぐとともに，政府の権限を分配して効率的な統治を確保しようとする[32]」ことである。GAOの役割がまさにそうであるように，この「自由と効率」の両方の実現を支える役割をそれらの組織が果たしているかどうかこそが重要なのである。

効率を優先し，政策執行部門に過剰な権限の集中を図り，その執行の速度を高め，達成指標から見た計画どおりの執行だけを専ら重視し，逆に，時間や手間を要する[33]立法府と行政府のある部分での機能の「重なり」（duplication/redundancy）の重要性[34]には関心が払われないような政治体制

---

(31) 片山（2004），p. 5.
(32) 松井（2004），p. 14.
(33) ただしGAOの場合，II.1.3. で紹介したGAOの年間活動実績における金銭的効果などに示されるとおり，無駄を省く結果となっている。よって，時間や手間をかけることで効率性の向上も実現していることが分かる。

においては，自由と効率のバランスが大きく崩れることになる。そしてそうした傾向は，国外・国内のリスクについてのあらゆる不安が人々の間に強まるほど，議論可能な根拠に基づいた認識を伴わないままに，進んでいくことも少なくない。そして，こうした状況は，過去や未来の話ではなく，他の国や地域の出来事でもなく，まさに私たちが今目の前にしている社会であるかもしれないのである[35]。GAO の取り組みに示されているような，政策効果の検証や注意喚起の役割を行う制度や実践は，そうした社会の出現を許さないためにも，どのような政治体制においても，今日，ますますその重要性を増しているのではないだろうか。

---

(34) Kettle and Fesler (2005), p. 402 は，行政機関内部の会計検査と内部監査システム管理を行う監察総監（IGs: Inspector Generals）は，GAO, OMB, および議会内の行政監視委員会が IGs が見逃した事項について発見し，ことによると見逃したことで IGs に恥ずかしい思いをさせるため，さらに用心深くなるだろうという。こうした行政機関内部と外部の統制のしくみが重なりあうことによって（redundancy），ある1つの機関が問題を見逃しても，他の機関がそれを発見するチャンスを増やすことができるという。古典的な redundancy に関する議論は，Landau (1969) を参照。

(35) 2007年9月4日，GAO はイラク戦争後のイラク政府による復興実績の評価結果と勧告を公表した（GAO (2007d), GAO-07-1195; GAO (2007e), GAO-07-1220T）。ウォーカー検査院長は上下院外交委員会や下院軍事委員会で証言を行い，法（The U.S. Troop Readiness, Veterans' Care, Katrina Recovery, and Iraq Accountability Appropriations Act of 2007, Section 1314 of P. L. 110-28）で定められた18の基準のうちイラク政府は11の基準を達成していないという評価結果を示した上で，必要な情報を大統領などに提供するよう国務省・国防総省など関連機関に勧告した。この報告は，アメリカのイラク政策の今後に関する議員の発言でたびたび言及されており，また，その数日後に公表を予定している行政府側の報告書と合わせて政策の見直しに使われることになる。これらはワシントン・ポスト紙，ニューヨーク・タイムズ紙，CNN, ABC など各メディアによって広く報じられている。

引用文献

本書で紹介したGAOレポートの多くは，GAOウェブサイト（www.gao.gov）からレポート番号や題名で検索し入手することができる。

〈英語文献〉

Aberbach, Joel D., 1990, *Keeping a Watchful Eye: The Politics of Congressional Oversight*, Washington, D.C.: The Brookings Institution.

Abikoff Kevin T., 1987, "The Role of the Comptroller General in Light of Bowsher v. Synar," *Columbia Law Review*, Vol. 87, No. 7, pp. 1539-1563.

Ackerman, Bruce, 2000, "The New Separation of Powers," *Harvard Law Review*, Vol. 113, No. 3, pp. 633-729.

Beckman, Norman, 1977, "Policy analysis for the Congress," *Public Administration Review*, Vol. 37, No. 3, pp. 237-244.

Callahan, Kathe, 2006, "Elmer Boyd Staats and the Pursuit of Good Government," *Public Administration Review*, Vol. 66, No. 2, pp. 159-166.

Chelimsky, Eleanor, 1983, "Program Evaluation and Appropriate Governmental Change," *The Annals of the American Academy of Political and Social Science*, Vol. 466, pp. 103-118.

Chelimsky, Eleanor, 2006, "The Purposes of Evaluation in a Democratic Society," In Ian F. Shaw, Jennifer C. Greene, and Melvin M. Mark (eds.), *Handbook of Evaluation*, London: Sage Publications, pp. 33-55.

Common Cause, 1980, *Adding Bite to the Bark: A Common Cause Study of the GAO*, Washington D.C.: Common Cause.

Downs, Anthony, 1967, *Inside Bureaucracy*, Boston: Little, Brown.（邦訳『官僚制の解剖』（渡辺保男訳），東京：サイマル出版会，1975）．

Finer, Herman, 1941, "Administrative Responsibility in Democratic Government," *Public Administration Review*, Vol. I, No. 4, pp. 335-350.

Friedrich, Carl J., 1940, "Public Policy and the Nature of Administrative Responsibility," *Public Policy*, Harvard University Press, pp. 3-24.

GAO, 1969, 1973-79, 1986, 1997-1998, *Comptroller General's Annual Report*.

GAO, 1975, *Evaluating Governmental Performance: Changes and Congress for GAO: A Series of Lectures Delivered at the United States General Accounting Office 1973-*

1975, Washington DC: U.S. Government Printing Office.

GAO, 1987, *Elmer B. Staats: Comptroller General of the United States 1966-1981*, GAO/OP-1-OH.

GAO, 1988a, *Ted B. Westfall*, GAO/OP-2-OH.

GAO, 1988b, *Charles E. Wolfe: 1935-1988*, GAO/OP-8-OH.

GAO, 1988c, *Arthur Schoenhaut*, GAO/OP-4-OH.

GAO, 1989, *Adolph T. Samuelson: 1946-75*, GAO/OP-11-OH.

GAO, 1990a, *Audit and Legal Serrices, 1943-1983: A Women's Perspective: Intervien With Margaret L. Macfarlane, Geraldine M. Rubar, and Stella B. Shea*, GAO/OP-10-OH.

GAO, 1990b, *Congressional relation activities, 1950-1983: Smith Blair, Charles E. Eckert, Martine J. Fitzgerald, L. Fred Thompson*, GAO/OP-14-OH.

GAO, 1990c, *Views on GAO's service to the congress: Interview with former senator William Proxmire*, GAO/OP-16-OH.

GAO, 1990d, *Thomas D. Morris: GAO, 1970-1975, 1980-1982*, GAO/OP-13-OH.

GAO, 1991, *Policy Guidance 1963-1986: Interview with Donald J. Horan, Engene Pahl, and Allen R. Voss*, GAO/OP-23-OH.

GAO, 1992, *The Civil Division 1956-1972: Interview with Gregory J. Ahart, Henry Eschwege, and Victor L. Lowe*, GAO/OP-22-OH.

GAO, 1993, *The GAO Evaluation of the Antipoverty Programs, 1967-1969*, GAO/OCG-1-OH.

GAO, 1995, *Program Evaluation: Improving the Flow of Information to the Congress*, GAO/PEMD-95-1.

GAO, 1996, *Congressional Oversight: The General Accounting Office*, GAO/T-OCG-96-2.

GAO, 2000, *GAO: Supporting Congress for the 21st Century*, GAO/T-OCG-00-10.

GAO, 2001a, *Central Intelligence Agency: Observation on GAO Access to Information on CIA Programs and Activities*, GAO-01-975T.

GAO, 2001b, *Human Capital: Taking Steps to Meet Current and Emerging Human Capital Challenges*, GAO-01-965T.

GAO, 2003, *GAO: Transformation Challenges and Opportunities? Statement of David M. Walker Comptroller General of the United States*, GAO-03-1167T.

GAO, 2004a, *GAO's Agency Protocols*, GAO-05-35G.

GAO, 2004b, *GAO: The Human Capital Strategic Plan: Fiscal Years 2004-2006*, GAO-04-1063SP.

GAO, 2004c, *GAO's Congressional Protocols*, GAO-04-310G.

GAO, 2005, *GAO performance and accountability report 2005*.

GAO, 2006a, *Hurricane Katrina and Rita: Coordination between the Red Cross Should Be improved for the 2006 Hurricane Season*, GAO-06-712.

GAO, 2006b, *Hurricane Katrina: GAO's Preliminary Observations Regarding Preparedness, Response, and Recovery*, GAO-06-442T.

GAO, 2006c, *Managing Sensitive Information: DOE and DOD Could Improve Their Policies and Oversight*, GAO-06-531T.

GAO, 2006d, *Information Sharing: The Federal Government Needs to Establish Policies and Processes for Sharing Terrorism-Related and Sensitive but Unclassified Information*, GAO-06-385.

GAO, 2007a, A Testimony Before the Committee on Homeland Security and Governmental Affairs, U. S. Senate, *United States Government Accountability Office: Supporting the Congress through Oversight, Insight, and Foresight*, GAO-07-644T.

GAO, 2007b, *Government Auditing Standards – July 2007 Revision*, GAO-07-731G.

GAO, 2007c, *Suggested Areas for Oversight for the 110th Congress*, GAO-07-235R.

GAO, 2007d, *Iraqi Government Has Not Met Most Legislative, Security and Economic Benchmarks*, GAO-07-1195.

GAO, 2007e, *Securing, Stabilizing, and Rebuilding Iraq: Iraqi Government Has Not Met Most Legislative, Security and Economic Benchmarks*, GAO-07-1220T.

Grasso, Patrick G., 1996, "End of Era: Closing the U.S. General Accounting Office's Program Evaluation and Methodology Division," *Evaluation Practice*, Vol. 17, No. 2, pp. 115-117.

Gray, Andrew, Bill Jenkins, and Bob Segsworth, 2002, *Budgeting, Auditing, and Evaluation: Functions and Integration in Seven Governments*, New Brunswick: Transaction Publishers.

Halstead, T. J., 2003, "The Law: Walker v. Cheney: Legal Insulation of the Vice President from GAO Investigations," *Presidential Studies Quarterly* 33, No. 3, pp. 635-648.

Havens, Harry S., 1990, *The Evolution of the General Accounting Office: From Voucher Audits to Program Evaluations*, GAO/OP-2-HP.

Heclo, Hugh, 1978, "Issue Networks and the Executive Establishment," In Anthony King (ed.), *The New American Political System*. Washington, DC: American Enterprise Institute.

Henry, Gary T. and Melvin M. Mark, 2003, "Beyond Use: Understanding Evaluation's Influence on Attitudes and Actions," *American Journal of Evaluation*, Vol. 24, No. 3, pp. 293-314.

House, E. R., and Howe, K. R., 1999, *Values in evaluation and social research*. Thousand Oaks, CA: Sage.

House, E. R., and Howe, K. R., 2000, "Deliberative democratic evaluation." In K. E. Ryan and L. DeStefano (eds.), *Evaluation as a democratic process: Promoting inclusion, dialogue, and deliberation. New Directions for Evaluation 85*, pp. 3-12.

Joint Financial Management Improvement Program (JFMIP), 1988, *1988 Report on Financial Management Improvement*.

Kaiser, Frederick M., 2001, *CSR Report for Congress: Congressional Oversight*, 97-936 GOV.

Kettle, Donald F., and James W. Fesler, 2005, *The Politics of the Administrative Process (Third edition.)*, Washington, D.C.: CQ Press.

Kirkhart, Karen E., 2000, "Reconceptualizing Evaluation Use: An Integrated Theory of Influence," In Valerie J. Caracelli and Halli Preskil (eds.), *The Expanding Scope of Evaluation Use, New Directions for Evaluation 88*, pp. 5-23.

Kloman, Erasmus H., 1979, *Cases in Accountability: The Work of the GAO*, Colorado: Westview Press.

Landau, Martin, 1969, "Redundancy, Rationality, and the Problem of Duplication and Overlap," *Public Administration Review*, Vol. 29, No. 4, pp. 346-358.

Lupia, Arthur and Mathew D. McCubbins, 1994, "Learning From Oversight: Fire Alarms and Police Patrols Reconstructed, *The Journal of Law, Economics, and Organization*, Vol. 10, No. 1, pp. 96-125.

Mann, Thomas E. and Norman J. Ornstein, 2006, *The Broken Branch: How Congress Is Failing America and How to Get It Back on Track*, NY: Oxford University Press.

Mark, Melvin M., Gary T. Henry, and George Julnes, 2000, *Evaluation: An Integrated Framework for Understanding, Guiding, and Improving Policies and Programs*, San Francisco: Jossey-Bass.

McCubbins, Mathew D. and Thomas Schwarts, 1987, "Congressional Oversight overlooked: Police Patrols Versus Fire Alarms," In Mathew D. McCubbins and Terry Sullivan (eds.), *Congress: Structure and Policy*, Cambridge: Cambridge University Press, pp. 426-440.

Meier, Kenneth J., and John Bohte, 2007, *Politics and the Bureaucracy: Policymaking in the Fourth Branch of Government (Fifth Edition)*, CA: Wadsworth Publishing.

Mosher, Frederick C., 1979, *The GAO: the quest for accountability in American government*, Colorado: Westview Press.

Mosher, Frederick C., 1980, "The Changing Responsibilities and Tactics of Federal Government," *Public Administration Review*, Vol. 40, No. 6, pp. 541-548.

Mosher, Frederick C., 1984, *A Tale of Two Agencies: A Comparative Analysis of the*

General Accounting Office and the Office of Management and Budget, Baton Rouge and London: Louisiana State University Press.

Mulgan, Richard, 2003, *Holding Power to Account: Accountability in Modern Democracies*, New York: Palgrave Macmillan.

National Academy of Public Administration, 1994, *The Roles, Mission and Operation of The U.S. General Accounting Office: Report Prepared for The Committee on Governmental Affairs United States Senate*, Washington: U.S. Government Printing Office.

Orren, Gary, 1997, "Fall from Grace: The Public's Loss of Faith in Government," In Joseph S. Nye, Jr., Philip D. Zelikow, and David C. King (eds.), *Why people don't trust government*, Massachusetts: Harvard University Press.

Pollitt, Christopher, Xavier Girre, Jeremy Lonsdale, Robert Mul, Hilkka Summa, and Marit Waerness, 1999, *Performance or Compliance?: Performance Audit and Public Management in Five Countries*, Oxford University Press.

Radin, Beryl A., 2002, *The Accountable Juggler: The Art of Leadership in A Federal Agency*, Washington D.C.: CQ Press.

Romzek, Barbara S., and Melvin J. Dubnick, 1987, "Accountability in the Public Sector: Lessons from the Challenger Tragedy," *Public Administration Review*, Vol. 47, No. 3, pp. 227-238.

Rourke, John T., 1978, "The GAO: An Evolving Role," *Public Administration Review*, Vol. 38, No. 5, pp. 453-457.

Rosen, Bernard, 1998, *Holding Government Bureaucracies Accountable: Third Edition*, London: Praeger.

Rozell, Mark, J., 1985, "The Role of General Accounting Office Evaluation In The Post Reform Congress: The Case of General Revenue Sharing," *International Journal of Public Administration*, Vol. 7, No. 3, pp. 267-290.

Shafritz, Jay M., Albert C. Hyde, Sandra J. Parkes, 2004, *Classics of Public Administration (Fifth Edition)*, CA: Wadsworth/Thomson Learning.

Sonnichsen, Richard C., 1994 "Effective Internal Evaluation: An Approach to Organizational Learning," In Leeuw, Frans L., Ray C. Rist and Richard C. Sonnichsen (eds.), *Can Government Learn?: Comparative Perspectives on Evaluation and Organizational Learning*, New Brunswick: Transaction Publishers.

Sperry, Roger L., Timothy D. Desmond, Kathi F. McGraw, and Barbara Schmitt, 1981, *GAO 1966-1981: An Administrative History*, Washington D.C.: General Accounting Office.

Staats, Elmer B., 1968, "The GAO: Present and Future," *Public Administration Review*, Vol. 28, No. 5, pp. 461-465.

Staats, Elmer B., 1973, *Working Papers on House Committee Organization and Operation*, Ninety-Third Congress, June 1973, U.S. Government Printing Office.

Staats, Elmer B., 1979, "The Use of Social Science in the Changing Role of the GAO," *Policy Studies Journal*, Vol. 7, No. 4, pp. 820-826.

Staats, Elmer B., 1980, "Why Isn't Policy Research Utilized More by Decision Makers? (Or Why Do Researchers Talk Only to Each Other?)," In Clark C. Abt (ed.), 1980, *Problems in American Social Policy Research*, Cambridge: Abt Books, pp. 19-28.

Staats, Elmer B., 1984, "Improving Congressional Oversight of Administration Through Evaluation and Analysis," In Robert D. Miewald and Michael Steinman (eds.), 1984, *Problems in Administrative Reform*, Chicago: Nelson-Hall, pp. 13-23.

Stalcup, George H. and Susan Ragland, 2003, "GAO's High-Risk Program: Focuses on Resolving Significant Problems," *The Journal of Government Financial Management*, Vol. 52, No. 1, pp. 8-15.

The Oral History Project Team, 2009, The Oral History of Evaluation: The Professional Development of Eleanor Chelimsky, *American Journal of Evaluation*, Vol. 30, No. 2, pp. 232-244.

Tidrick, Donald, 2006a, "An interview with Elmer Staats," *The Journal of Government Financial Management*, Vol. 55, Nov. 2, pp. 56-59.

Tidrick, Donald, 2006b, "An interview with Charles A. Bowsher – Former Comptroller General of the United States. The second in a three-part series," *The Journal of Government Financial Management*, Vol. 55, No. 3, pp. 60-66.

Trask, Roger R., 1991, *GAO History 1921-1991*, GAO/OP-3-HP.

Trask, Roger R., 1996 & 2001, *Defender of the Public Interest The General Accounting Office, 1921-1966*, Washington D.C.: General Accounting Office.

U.S. Senate, Commission on the Operation of the Senate, 1976, *Congressional Support Agencies: A Compilation of Papers*, Washington D.C.: U.S. Government Printing Office.

U.S. House of Representatives, Select Committee on Committees, 1973, *Working Papers on House Committee Organization and Operation: General Accounting Office, Support of Committee Oversight, Elmer B. Staats, Comptroller General of the United States*, Ninty-Third Congress, June 1973, Washington D.C.: U.S. Government Printing Office.

U.S. House of Representatives, Select Committee on Congressional Operations, 1978, *General Accounting Office Services to Congress: An Assessment*, Washington D.C.: U.S. Government Printing Office.

Walker, David M., 2006, "Enhancing Public Confidence: The GAO's Peer Review

Experience – Even auditors need to be audited," *Journal of Accountancy*, July 2006, American Institute of Certified Public Accountants, Inc.
Walker, Wallace Earl, 1986, *Changing organizational culture: strategy, structure, and professionalism in the U.S. General Accounting Office*, Knoxville: University of Tennessee Press.
Weiss, Carol H., 1989, "Congressional Committees as Users of Analysis," *Journal of Policy Analysis and Management*, Vol. 8, No. 3, pp. 411-431.
White, Leonard D., 1945, "Congressional Control of the Public Service," *The American Political Science Review*, Vol. 39, No. 1, pp. 1-11.
Zelizer, Julian E., 2004, *On Capitol Hill: The Struggle to Reform Congress and Its Consequences, 1948-2000*, NY: Cambridge University Press.

〈日本語文献〉
秋吉貴雄, 1998「政策過程におけるプログラム評価－GAOを事例にして」『日本公共政策学会年報』.
東信男, 2007「検査要請と米国会計検査院（GAO）」『会計検査研究』35号, pp. 151－169.
阿部斉・久保文明, 1997『現代アメリカの政治』東京：放送大学教育振興会.
有賀夏紀, 2002『アメリカの20世紀（下）』東京：中央公論.
五十嵐武士, 1992『政策革新の政治学－レーガン政権下のアメリカ政治』東京：東京大学出版会.
片山信子, 2004「アメリカ・イギリス・ドイツの会計検査院と決算審議」『調査と情報』第434号, 国立国会図書館.
金本良嗣, 1990「会計検査院によるプログラム評価－アメリカGAOから何を学ぶか」『会計検査研究』第2号.
金刺保, 1996「各国会計検査院の現状（その1）」『会計検査研究』第13号.
久保文明, 2002「第4章　連邦議会」, 阿部斉・久保文明『国際社会研究Ｉ：現代アメリカの政治』, 東京：放送大学教育振興会, pp. 51－75.
小池治, 1990『アメリカの政策過程と政府間関係』東京：第一法規出版.
孝忠延夫・大江一平, 2000, Bruce A. Ackerman, "The New Separation of Powers" (113 *Harv. L. Rev.*, 633 (2000)), 法律時報72巻11号, pp. 110－111.
サンドクィスト・ジェームズ・L, 1991『制度改革の政治学：アメリカデモクラシーの活性化に向けて』東京：成文堂.
鈴木豊, 2005『完全解説　アメリカの政府監査基準』東京：中央経済社.
田村公伸, 1990「議会の調査－英米議会をモデルとして」『立法と調査　161』, pp. 64－71.
中央青山監査法人, 2006『各国会計検査院における会計検査基準の現状と課題

―アメリカ・オーストラリアの事例より（平成17年度会計検査院委託業務報告書）』会計検査院.
中村泰男, 1971「1970年立法府改革法の概要―アメリカの国会改革」『レファレンス（245号, 昭和46年5月号）』, pp. 7 -55.
中村泰男, 1983「1970年代におけるアメリカ国会の委員会制度改革の動向について」『レファレンス（391号, 昭和58年3月号）』, pp. 7 -37.
西尾勝, 2001『行政学（新版）』東京：有斐閣.
西尾隆, 1995「行政統制と行政責任」『講座行政学』第6巻, 東京：有斐閣.
ノーマントン, E. L. 著, 小川幸作・小川光吉訳, 2005『政府のアカウンタビリティと会計検査―会計検査の原点―』（E. L. Normanton, 1966, *The Accountability and Audit of Governments*, Manchester: Manchester University Press の翻訳）東京：全国会計職員協会.
長谷部恭男, 2006a「民主主義の質の向上―ブルース・アッカーマンの挑戦」『ジュリスト』No. 1311, pp. 84 -91.
長谷部恭男, 2006b『憲法とは何か』東京：岩波新書.
ハミルトン, A., J. ジェイ, J. マディソン, 1999『ザ・フェデラリスト』東京：岩波文庫.
比較法学会, 1990「権力分立」『比較法研究』52号, 東京：有斐閣.
廣瀬淳子, 2004『アメリカ連邦議会―世界最強議会の政策形成と政策実現』東京：公人社.
真下英二, 2004「行政統制と行政責任」, 笠原英彦・桑原英明編『日本行政の歴史と理論』東京：芦書房, pp. 338 -359.
間柴泰治, 2004「2002年統治法の改正と王国検査院の創設」『外国の立法（第220号）』国立国会図書館, pp. 238 -243.
間柴泰治, 2005「スウェーデンにおける国の会計検査機関の改革」『外国の立法（第223号）』国立国会図書館, pp. 78 -94.
松井茂記, 2004『アメリカ憲法入門（第5版）』東京：有斐閣.
松井茂記, 1990「アメリカ―アメリカに於ける権力分立原則」『比較法研究：権力分立』（比較法学会）52号, pp. 11 -25.
三菱UFJリサーチ＆コンサルティング, 2006『欧米先進国における有効性検査の手法と事例に関する調査研究（平成17年度会計検査院委託業務報告書）』.
宮川公男, 2002『政策科学入門（第2版）』東京：東洋経済新報社.
武藤博己, 1998「行政国家」, 森田朗編『行政学の基礎』東京：岩波書店.
森脇俊雅, 2006「第7章 議会」, 久保文明・砂田一郎・松岡泰・森脇俊雅『アメリカ政治』, 有斐閣アルマ, 東京：有斐閣, pp. 135 -155.
渡瀬義男, 2005「米国会計検査院（GAO）の80年」, 『レファレンス』平成17年6月号, pp. 33 -61.

〈GAO オーラル・ヒストリー & ヒストリー・プログラム〉

GAO, 1987, *Elmer B. Staats: Comptroller General of the United States 1966-1981*, GAO/OP-1-OH.

GAO, 1988a, *Ted B. Westfall*, GAO/OP-2-OH.

GAO, 1988b, *Charles E. Wolfe: 1935-1988*, GAO/OP-8-OH.

GAO, 1988c, *Arthur Schoenhaut*, GAO/OP-4-OH.

GAO, 1988d, *Leo Herbert: GAO, 1956-1974*, GAO/OP-7-OH.

GAO, 1988e, *Chet Holifield*, GAO/OP-5-OH.

GAO, 1988f, *John E. Thornton: 1935-1976*, GAO/OP-3-OH.

GAO, 1988g, *Paul G. Dembling*, GAO/OP-6-OH.

GAO, 1989a, *Adolph T. Samuelson: 1946-75*, GAO/OP-11-OH.

GAO, 1989b, *Defense-Related Audits, 1937-1975: Interview With Hassell B. Bell, J. Kenneth Fasick, and James H. Hammond*, GAO/OP-9-OH.

GAO, 1989c, *Phillip S. Hughes: 1972-1977*, GAO/OP-12-OH.

GAO, 1990a, *Audit and Legal Services, 1943-1983: A Women's Perspective: Interview With Margaret L. Macfarlane, Geraldine M. Rubar, and Stella B. Shea*, GAO/OP-10-OH.

GAO, 1990b, *Congressional relation activities, 1950-1983: Smith Blair, Charles E. Eckert, Martine J. Fitzgerald, L. Fred Thompson*, GAO/OP-14-OH.

GAO, 1990c, *Views on GAO's service to the congress: Interview with former senator William Proxmire*, GAO/OP-16-OH.

GAO, 1990d, *Thomas D. Morris: GAO, 1970-1975, 1980-1982*, GAO/OP-13-OH.

GAO, 1990e, *John P. Abbadessa: 1947-1962*, GAO/OP-18-OH.

GAO, 1990f, *Regional Offices and the Field Operations Division: Interview With Francis X. Fee, Walter H. Henson, and Hyman L. Krieger*, GAO/OP-15-OH.

GAO, 1990g, *Monte Canfield, Jr.: 1974-1978*, GAO/OP-17-OH.

GAO, 1991a, *Policy Guidance 1963-1986: Interview with Donald J. Horan, Engene Pahl, and Allen R. Voss*, GAO/OP-23-OH.

GAO, 1991b, *William L. Ellis*, GAO/OP-21-OH.

GAO, 1991c, *The San Francisco Regional Office, 1954-1987: Interview with Harold J. D'Ambrogia, Kenneth A. Pollock, Richard A. Sheldon, and Charles F. Vincent*, GAO/OP-20-OH.

GAO, 1991d, *International Activities, 1956-1981: Interview With James A. Duff, J. Kenneth Fasick, and Charles D. Hylander*, GAO/OP-19-OH.

GAO, 1992a, *The Civil Division 1956-1972: Interview with Gregory J. Ahart, Henry Eschwege, and Victor L. Lowe*, GAO/OP-22-OH.

GAO, 1992b, *Transportation Activities 1946-1975: Interview with Joseph P. Normile, Fred J. Shafer, and Thomas E. Sullivan*, GAO/OP-24-OH.

GAO, 1993, *The GAO Evaluation of the Antipoverty Programs, 1967-1969*, GAO/OCG-1-OH.

Havens, Harry S., 1990, *The Evolution of the General Accounting Office: From Voucher Audits to Program Evaluations*, GAO/OP-2-HP.

Sperry, Roger L., Timothy D. Desmond, Kathi F. McGraw, and Barbara Schmitt, 1981, *GAO 1966-1981: An Administrative History*, Washington D.C.: General Accounting Office.

Trask, Roger R., 1991, *GAO History 1921-1991*, GAO/OP-3-HP.

補図-1　GAO職員総数に占める専門職員の分類別割合
（1955-1978年）

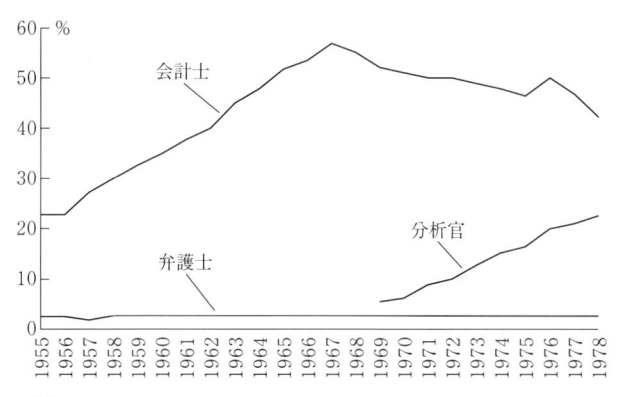

出典：Mosher (1979), p. 145.

補図－2　GAOレポート数（1971－2005年）

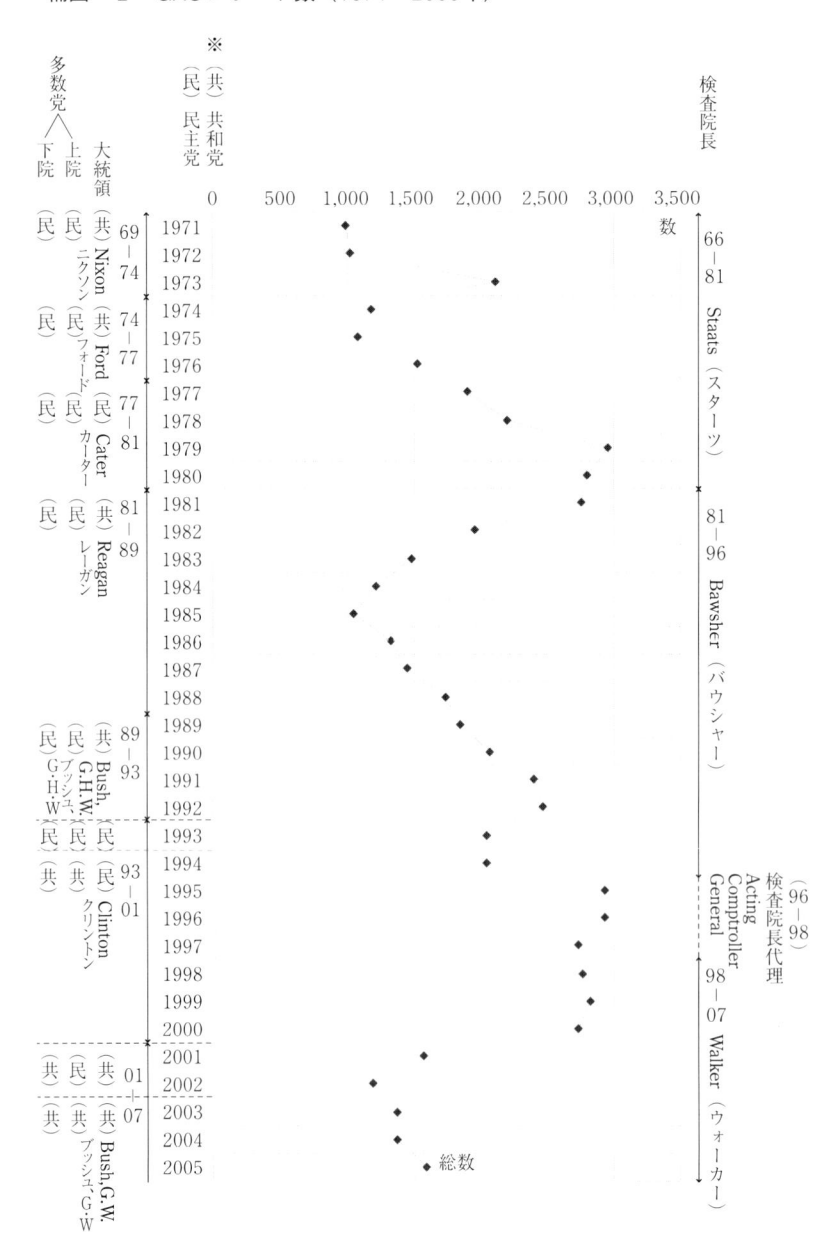

あとがき

　本書は，2007年に東京大学大学院法学政治学研究科に提出した博士論文を基に作成している。

　私が研究生活を始めた頃は，GAOを新たに調査する必要性を感じていなかった。なぜなら，GAOは日本でも行政監視機能の強化を求める文脈の中で度々紹介され，すでによく知られた存在となっていたからである。しかし，アメリカペンシルベニア州立大学社会心理学研究科の客員研究員としてアメリカに暮らすうちに，その考えが変わることになった。日々のニュースの中でGAO報告書が取り上げられ，その評価結果が議会と行政機関に使われるとともに，広く社会に知らされている状況が日常的風景となっていることを知り，今までの論じられ方とは別の，「位置」と「機能」の変遷という分析軸を使うことでGAOの社会的価値に着眼した論じ方ができるのではないかと感じたのである。在籍していた社会心理学研究科の同僚はいずれも自らの中にある疑問や「痛み」を検証可能な問いに変え，実験手法を基本とした科学的アプローチによって解明しようとしていた。私自身も長い間抱えてきた問いがあり，彼／女らとの議論は私が新しい発想でそれに取り組むための良い刺激となっていた。

　本書の完成までには紆余曲折があり，実に多くの方々にお世話になった。ここでは一部の方々しかお名前を挙げて謝辞を申し上げることができず心苦しいが，全ての方々に心からのお礼を申し上げたい。

　私が開発援助の実務の世界から研究の世界に入った当初からずっと，私を悩ませ続けてきた問いを検証可能な問いに上手く変えることができずにいた私のそばに居て，なかなか進展しない長い話を聞き続け助言を与えてくださったのは，指導教官の田邊國昭先生だった。先生への尊敬と感謝の念は尽きることがない。

また，アメリカでの研究の機会を与えてくださった，Melvin M. Mark 教授に謝意を表したい。ワシントン DC での先生のセミナーに日本から参加し，セミナー後のシャルドネをご一緒させて頂きながらお話をした時に，初対面の私に「一緒に研究しませんか」と言ってくださった時の衝撃を昨日のことのように覚えている。その後の共同研究及び博士論文の企画書への助言は私を研究者としてさらに鍛えることになった。私の客員研究員在任中に先生はアメリカ評価学会の会長に就任され，共同研究のテーマでもあった「評価の影響」を学会テーマに定め，多様な専門分野の人々とつながり新しい価値を生み出そうとしていた。そうした彼の研究者としての姿勢から今も学ぶことは多い。

　博士論文審査委員会の先生方にもお世話になった。特に城山英明先生は主査をお務めくださり，五十嵐武士先生はアメリカ政治について貴重な助言をくださった。博士論文の中で鍵となる議論の 1 つであるブルース・アッカーマンの議論の理解にあたり杉田敦先生のご紹介で長谷部恭男先生にご教示頂いた。諸先生には改めて御礼申し上げたい。

　所属していた東京大学大学院では，森田朗先生，金井利之先生からも多くの場面で行政学の御指導を頂戴した。こうした充実した教授陣の下で学ぶきっかけになったのは藤原帰一先生と元田結花先生であった。また，北岡伸一先生，川原彰先生とそのゼミ生で友人の吉田徹氏には学部生時代から今に至るまで折に触れて御配慮頂いている。そして川崎修先生と杉田敦先生には本書の原稿に目を通して頂き，特に川崎先生には文章に関する具体的な助言を頂戴した。もとよりどこまでそれが本文に反映されているかは筆者の責任である。

　私は大学院の先輩と同僚にも恵まれ，研究面のみならず精神面での支えとなって頂いた。特に，先輩の久保はるか氏・棚橋匡氏・山崎望氏・梅田道生氏，同期の坂根徹氏，研究部屋を同じくした金香子氏には院生生活に伴う様々な相談に乗って頂いた。田邊研究室で一緒だった深谷健氏と荒見玲子氏の存在は私の励みとなっていた。そして同じ時期にアメリカに留学をしていた神江沙蘭氏，留学先で一緒に学んだ片山花江氏，Chris Gamble 氏，Elizabeth Lee 氏，朴廣賢氏からは多くの支えを得た。この他の皆様に

もこの場を借りて御礼を申し上げたい。

　そして私は行政学を専門にする者として，行政機関における実務経験から研究へのインスピレーションと行政の現場への想像力を得ている。こうした機会を与えてくださった国際協力銀行（旧海外経済協力基金）と総務省の皆様にも謝意を表したい。

　本書の出版に至るには，独立行政法人日本学術振興会の支援が重要であった。特別研究員（DC）の採用に伴う研究奨励金，及び平成21年度科学研究費補助金（研究成果公開促進費）の交付を受けている。また木鐸社の坂口節子氏は出版に際しそのプロフェッショナリズムに基づいた貴重な助言を下さった。感謝を申し上げたい。

　最後に，特にこの数年文字通りの苦楽を共にしてくれた両親の益田豊久・はるみ，そして私の感性を研ぎ澄ませ触発し続ける存在である夫の北原淳児に最大の感謝をささげる。

Abstract

Title: The U.S. Government Accountability Office: Emergence of Evaluation Function in the U.S. Governmental System

Author: Naoko Masuda (Evaluation officer, Administrative Evaluation Bureau, Japanese Ministry of Internal Affairs and Communications; PhD in Law from the University of Tokyo)

How we are able to control administrative power democratically has been a crucial question, especially in governments where we face enlarged administrative power and weakened legislative power. This book examines the evolution of the GAO to find the answer.

The GAO (the U.S. Government Accountability Office) is an independent office for supporting the legislative branch by evaluating administrative activities. The GAO cautions the public about existing or potential problems in the government and raises discussion among the executive branch, legislators and the public. However, the GAO was not like that at its beginning; it originally was an agency wholly devoted to accounting. That role has changed radically over the years, especially from the late 1960s to the 1970s: the GAO is now Congress's chief arm for evaluating the performance of government programs.

This book explains how and why the GAO's "alarm function" about policy effectiveness by using evaluation, which is not in common use internationally, began in the US governmental system, and how this beginning is related to the location factor, for example, (a) being independent from any of the three main branches (executive, legislative, and judicial) and (b) supporting the legislative branch.

This study examines the relationship between the GAO's functional change and its change in association (strengthening) with Congress from three dimensions: (i) the social and political factors, (ii) the GAO's internal factors, and (iii) the Comptroller General's initiative. Interestingly, both changes had happened simultaneously; however, other studies have addressed both changes separately. Integrating these two changes is important because the program evaluation, including the pressure to do evaluation, cannot be separated from political incentives and the social environment. In addition, this study is the first full-dress study which uses the GAO's oral history documents. These documents have plenty of valuable information, but have not yet been used in academic works.

Finally, this study reconsiders theories of the oversight of administrative activities, which normally discusses administrative responsibility or legislative oversight, by exploring theories of accountability from public administration; evaluation roles in democratic governments from evaluation studies; and "The new separation of powers" from law. This book offers a new theory that if an organization, on the one hand, alters its function to providing evaluations, and on the other, changes its location in the governmental system to be independent but supporting the legislative branch, the organization would help achieve a satisfactory balance between executive power and legislative power by not only strengthening the legislative branch, but also refraining from impairing the necessary authority of the executive branch. This kind of organization is out of the framework of existing oversight and accountability theories.

索 引

あ行

アカウンタビリティ 69
「新しい権力分立」 180
アドルフ・T・サミュエルソン 114, 138
アレン・R・フォス 146
イギリス会計検査院／NAO 183
イシューネットワーク 169-170
「偉大な社会」 49, 83, 171
飲酒最低年限に関する評価 172-174
ウィリアム・プロクシマイア／プロクシマイア 89, 117, 160
ウィンストン・プラウティ 84, 85, 88, 158
ウォーカー院長／デイヴィッド・M・ウォーカー 28, 141, 186
ウォーターゲート事件 91
ウォーレン院長／リンゼイ・C・ウォーレン 38, 45, 121, 123, 141, 161-162
(評価の) 影響／影響力 73, 77
L・フレッド・トンプソン 56, 138
オーラル・ヒストリー／オーラル・ヒストリー・プログラム 15, 64
1921年法／1921年予算及び会計法 31, 37, 105, 106, 132, 159, 164
1945年法／1945年行政府再編法 33, 43
1950年予算及び会計手続法 38, 43, 45
1970年法／1970年立法府改革法 34, 88, 94, 105, 132, 149, 159
1974年法／1974年議会予算及び執行留保統制法 35, 89, 94, 105, 149

か行

会計検査院 12, 58
外在的統制 178, 179, 182
外部監査 25, 167
下院レポート／『会計検査院による議会支援活動』 52, 105, 107
勧告 26
監察総監 14, 151, 185-186
「監視」「洞察」「予見」 11
議会改革 93, 95
議会に対するプロトコル 167
議会予算局 158
議会連携室／OCR 50, 67, 100, 132, 145, 146
キャンベル院長／ジョセフ・キャンベル 38, 47, 101, 123, 141
行政活動検査院／GAO 8, 10, 12, 58
　──委員会又は議員宛レポート数 53
　──勧告数の推移 55
　──機能, および議会との関係 13
　──業務内容の事由別割合 54
　──専門職員内訳 142
　──専門職員が持つ上級学位 143
　──他専門領域内訳 142
　──年間活動実績 29
行政管理予算局／OMB 130, 132, 164
行政機関横断的な評価 117
計画策定・プログラム作成・予算編成システム／PPBS 131, 135
経済機会局／OEO 84, 86, 117
経済機会法修正 39, 84, 85, 87, 158
権力の均衡（政党間／委員会間） 158

さ行

最高会計検査機関国際組織 130
歳出および政府運営委員会 168
財務省 12, 31, 43, 125
財務管理改善共同プログラム 125
参加型・合意育成型（運営手法） 138
三元戦略核戦力のための近代化プログラムの評価 21, 26, 78
三権分立／権力分立 42, 67, 75, 171, 185
自律的統制 178, 179, 182
支出に見合った価値／VFM 183
サンセット法 64, 103-104, 158
サンライズ法 64, 103-104
次期議会において優先的に監視を提案する分

野のリスト　28
支出証票の監査　37, 74, 80
「社会の改善」理論　77
上院レポート／『議会補佐機関』　52, 105, 107
小委員会　97
ジョン・T・ロウルケ　62
ジョンソン政権／リンドン・B・ジョンソン　49, 83, 130, 170
スターツ院長／エルマー・B・スターツ　39, 62, 122, 141
スミス・ブレア　50, 148, 159
政権交代　109, 157, 158
政府運営委員会　132, 159
政府改革委員会　72
政府活動委員会　72
政府監査基準／イエロー・ブック／GAGAS　115, 167, 174
先任者着任制　95
戦略計画　27
組織文化　81, 151

た行

チャールズ・E・ウルフ　101, 119
チャールズ・E・エッカート　51, 97
ディッチリー会議　116
テッド・B・ウェストフォール　48
独立性／「独立性」　19, 20, 45, 47, 148, 163, 164, 166, 167, 168
独立かつ立法補佐という制度上の位置／「独立」と「立法補佐」の統治機構上の意義　18, 164, 175
統一政府　84
統治機構上の位置という要因／位置という要因　64, 76, 77, 79

な行

内部・外部評価をめぐる議論　76
ニクソン／リチャード・M・ニクソン　85, 92
年金記録問題　9, 11

は行

バウシャー院長／チャールズ・A・バウシャー　55, 130, 141
バウシャー対サイナー／1986年裁判　35, 43
ハリケーン・カトリーナの復興に関する評価　18
反貧困プログラム　49, 83
反貧困プログラムの評価　87, 88, 116, 171
「貧困との戦い」　83
評価の信頼性　18, 20
評価結果の公開性　18, 26
副大統領に対する訴訟事件　8, 11
プログラム評価　39, 74, 81, 94, 103, 113, 123, 131
プログラム評価・方法論課　90, 172
フリードリッヒ＝ファイナー論争　70, 177, 181
分割政府　84
ベトナム戦争　91, 109
ヘンリー・エシュヴェーゲ　51, 80, 85-86, 111, 118, 149, 166
包括的監査　38, 74, 81, 113
ホリフィールド委員会／ホリフィールド／政府活動委員会軍事活動小委員会　48, 100-103

ま行

マッカール院長／ジョン・レイモンド・マッカール　44, 123, 141
マーティン・J・フィッツジェラルド　56, 147
民主主義と評価　75

や行

予算委員会　158
予算局／BOB　37, 125, 130, 132

ら行

立法府連絡室／OLL　48, 50, 97
レナード・D・ホワイト　182-183
連邦補助事業　170-171

著者略歴

益田　直子（ますだ　なおこ）
1975年　北海道生まれ
1998年　立教大学法学部卒業（内1996～1997年　比国アテネオ・デ・マニラ大学）
　　　　国際協力銀行（旧　海外経済協力基金）（～2002年）
2008年　東京大学大学院法学政治学研究科博士課程修了。博士（法学）
　　　　（内　2005～2006年　米国ペンシルベニア州立大学大学院）
現　在（2009年）総務省行政評価局評価監視調査官

論　文
「行政権力の新しい統制に向けて（上）（下）」『季刊行政管理研究』2009年6月126号，2009年9月127号

アメリカ行政活動検査院：統治機構における評価機能の誕生

2010年2月20日　第1版第1刷印刷発行 ©

著者との了解により検印省略	著　者　益　田　直　子	
	発行者　坂　口　節　子	
	発行所　㈲　木　鐸　社	
	印刷　㈱アテネ社　　製本　高地製本所	

〒112-0002　東京都文京区小石川 5-11-15-302
電話（03）3814-4195　ファクス（03）3814-4196
振替 東京00100-5-126746　http://www.bokutakusha.com/

乱丁・落丁本はお取替え致します

ISBN978-4-8332-2421-5 C3031